Kraume
Duisburg im Krieg

Fotografierte Zeitgeschichte Droste

> Im Zuge der Wiederwehrhaftmachung des deutschen Volkes und der Wiederherstellung der deutschen Wehrhoheit in den Rheinlanden durch den Führer und Reichskanzler
>
> **ADOLF HITLER**
>
> ist am 6. April 1937 die
>
> **Stadt Duisburg Garnisonstadt**
>
> geworden.
>
> An diesem Tage rückten in ihre neue Garnison eine schwere und eine leichte Flakstammbatterie ein.
>
> Eingedenk der Bedeutung dieses Tages, der die alte und ehrenreiche Geschichte der Stadt Duisburg in eine hoffnungsfrohe Zukunft weiterführt, begrüßen Stadtverwaltung und Bürgerschaft die Soldaten Adolf Hitlers als Träger des unbezwinglichen Willens, das Dritte Reich der Deutschen in unantastbarer äußerer und innerer Freiheit zu erhalten und zu beschirmen.

Oberbürgermeister.

Bürgermeister.

Ratsherrnältester.

Oberstleutnant und Kommandeur des Flakregiments 4

Major und Chef der Schweren Flakstammbatterie.

Hauptmann und Chef der Leichten Flakstammbatterie.

1 *Im Zuge der Remilitarisierung des Rheinlandes wurde Duisburg am 6. April 1937 mit einer ständigen Garnison belegt – zum ersten Mal in der neueren Geschichte der Stadt. Um dem Ausland keinen Anlaß zum Protest zu geben, gab es keine öffentliche Begrüßung und keine Presseberichte, sondern nur diesen Eintrag im Goldenen Buch der Stadt.*

Hans-Georg Kraume

Duisburg im Krieg
1939–1945

Droste Verlag Düsseldorf

Fotonachweis:
Imperial War Museum, London, 107, 108. Sammlung Niessen, Köln, 106. Stadtarchiv Duisburg, 1–105, 109–117.

CIP-Kurztitelaufnahme der Deutschen Bibliothek

Kraume, Hans-Georg:
Duisburg im Krieg : 1939–1945 / Hans-Georg Kraume. –
Düsseldorf : Droste, 1982.
   (Fotografierte Zeitgeschichte)
   ISBN 3-7700-0618-6

© 1982 Droste Verlag GmbH, Düsseldorf
Einband- und Buchgestaltung: Helmut Schwanen
Lithos: Droste Repro
Gesamtherstellung: Clausen & Bosse, Leck
ISBN 3-7700-0618-6

Inhalt

Der Weg in den Krieg 7

Leben im Krieg 12

Kulturelles Leben 40

Die Festung Europa hat kein Dach 47

Das Finale an der Westfront … 79

… und in Duisburg 87

Bilanz 108

2 *Das Duisburger Rathaus 1938.*

Der Weg in den Krieg

Wer dem Dritten Reich mit hinreichendem Mißtrauen gegenüberstand, konnte in Duisburg schon bald nach der «Machtergreifung» Anzeichen dafür erkennen, daß die Zeichen auf Krieg standen. So wurde in den Jahren 1933/34 der Flughafen Neuenkamp ausgebaut. Der Versailler Vertrag hatte die Existenz dieses Flughafens innerhalb der entmilitarisierten Zone des Rheinlandes nur unter der Bedingung zugelassen, daß er nicht weiter ausgebaut würde. Schon die Errichtung einer neuen Flugzeughalle führte zu diplomatischen Schwierigkeiten. Die Alliierten verlangten den Abbruch. Der Reichsminister für Luftfahrt, Hermann Göring, widersetzte sich dem Verlangen hartnäckig und erfolgreich. Die Halle blieb stehen, und in der folgenden Zeit wurde der Flughafen auf 350 Morgen erweitert.

Man konnte dies natürlich auch als eine verkehrstechnisch erforderliche Maßnahme begreifen und als Methode, dem Heer der Arbeitslosen eine Beschäftigung zu verschaffen. Das gleiche gilt für den Bau von zwei neuen Straßenbrücken über den Rhein und insbesondere auch für die «Reichsautobahn», die am Kaiserberg vorbeigeführt wurde und die auch in erster Linie den genannten Zwecken diente, zugleich aber eben auch militärische Funktionen übernehmen konnte. Tatsächlich wurde der Neuenkamper Flughafen ab 1939 militärisch genutzt und diente während des Westfeldzuges einigen «Stuka»-Staffeln als Basis.

Eindeutiger wurden die Zeichen am 22. September 1933, als die erste Verdunklungsübung durchgeführt wurde. Von 23.00 Uhr bis 23.30 Uhr durfte in der ganzen Stadt kein Lichtschein zu sehen sein. Schon vorher, am 12. August, hatte der preußische Minister für Wirtschaft und Arbeit Richtlinien für das Schulfach Staatsbürgerkunde an Berufsschulen erlassen, nach denen der Lehrplan um das Unterrichtsthema Luftschutz bereichert werden sollte. Im Oktober 1933 konnte man in den Straßen Lastwagen sehen, auf denen eine Bombenatrappe montiert war und Schilder mit der Aufschrift: «Luftschutz ist nationale Staatspflicht. Tretet dem Reichsluftschutzbund bei!»

Am 16. März 1935 gab Hitler die Wiedereinführung der allgemeinen Wehrpflicht bekannt und legte die Friedensstärke des deutschen Heeres auf 36 Divisionen fest – etwa eine halbe Million Mann, fünfmal so viel, wie der Versailler Vertrag erlaubte. Sechs Tage zuvor hatte Göring die Existenz der deutschen Luftwaffe bekanntgegeben – ebenfalls ein flagranter Bruch des Versailler Vertrages. Zugleich wurde auch die deutsche Flotte verstärkt, wenn auch zunächst – einem entsprechenden Abkommen mit England gemäß – nur auf 35 % der englischen Flottenstärke (mehr konnte in absehbarer Zeit ohnehin nicht gebaut werden). Damit war jedem klar, daß Deutschland aufrüstete, und zwar massiv. Tatsächlich hat Deutschland in den Jahren von 1933 bis 1939 dreimal so viel Geld für militärische Zwecke ausgegeben wie England und Frankreich, eineinhalb mal so viel wie die Sowjetunion und mehr als England, Frankreich und die USA zusammen.

Ein weiterer Vertragsbruch folgte 1936. Die Locarno-Verträge von 1925 hatten festgelegt, daß Deutschland auch weiterhin keine Truppen und kein Kriegsmaterial westlich einer Linie haben durfte, die 50 Kilometer östlich des Rheins verlief. Am 7. März 1936 ließ Hitler deutsche Truppen in die entmilitarisierte Zone des Rheinlandes einmarschieren und kündigte damit einseitig die Verträge auf, ohne daß die Vertragspartner eingriffen.

Ein Jahr darauf wurde auch Duisburg von der Remilitarisierung betroffen. Am 6. April 1937 zog eine schwere und eine leichte Flak-Stammbatterie in die Stadt ein, die später als II. Abteilung dem Flakregiment 54 angegliedert wurden. Es war dies die erste ständige Garnison in der neueren Geschichte der Stadt. In Rekordzeit errichteten 2000 Arbeiter eine Kaserne am Neuenhof, die die Truppe bereits im Dezember beziehen konnte.

Gelegenheit zu praktischer Übung sollte sich auch bald ergeben, als Deutschland sogenannte Freiwilligenverbände nach Spanien entsandte, um General Franco gegen die republikanische Regierung zu unterstützen. Der spanische Bürgerkrieg bot, im Gegensatz zu normalen Manövern, die Möglichkeit zu praktischen Übungen mit scharfer Munition. Die Soldaten wurden in kurzen Abständen ausgewechselt, um möglichst viele in den Genuß dieser praktischen Fronterfahrung zu bringen. Auch vier Offiziere und neun Mann der Duisburger Flak-Truppe haben in der Legion Condor «geübt». Aber noch mehr Duisburger fanden sich auf der andern Seite, die die junge Republik verteidigte. Unter ihnen war auch der durch seine politisch engagierten Holzschnitte bekanntgewordene Künstler Heinz Kiwitz. Er fiel 1938 am Ebro.

Wie die ständige Anwesenheit der Flaktruppe, so trugen auch gelegentliche Besuche von kleineren Flotteneinheiten, von Räum- und Schnellbooten, auf dem Rhein dazu bei, der Bevölkerung die wiedererstandene militärische Kraft Deutschlands vor Augen zu führen und sie an den Anblick von Soldaten und Kriegsgerät zu gewöhnen.

Zu den gleichermaßen psychologischen wie materiellen Kriegsvorbereitungen zählten auch die ersten Luftschutzmaßnahmen, die schon kurz nach der «Machtergreifung» getroffen wurden. Am 26. Juni 1935 wurde das Reichsluftschutzgesetz erlassen, ein nur 12 §§ umfassendes Rahmengesetz, das die gesamte Luftschutzorganisation dem Reichsminister für Luftfahrt und Oberbefehlshaber der Luftwaffe, Hermann Göring, unterstellte und das ganze Volk der Luftschutzpflicht unterwarf. Unter dem Schlagwort «Luftschutz tut Not» wurde die Bevölkerung zur Mitwirkung in der Luftschutzorganisation und zu luftschutzgemäßem Verhalten aufgerufen. Der Reichsluftschutzbund, eine Zwangsorganisation, der sich kein Haushaltsvorstand entziehen konnte, führte Schulungskurse für

---

Marschlied der Flak Duisburg
(II./54 «Ziel aufgefasst!»)

1) Unser die Welt und ein mutiges Leben –
Froh lacht uns allen der Tag !
Gläubig und stark wir die Augen erheben –
Nichts uns zu beugen vermag !
Unsere Herzen die schlagen so frei –
Du Kamerad, bist mit dabei !
Unser die Welt und ein mutiges Leben –
Froh lacht uns allen der Tag !

Wir marschieren mit dem Führer,
Wir marschieren für Volk und für Reich !
Wir marschieren mit dem Führer,
Für das ewige Deutsche Reich.

2) Herrlich das Ziel und gewaltig die Zeiten –
Keiner von uns steh' zurück !
Helft uns den Weg in die Zukunft bereiten
– Freiheit ?
Mutige zwingen das Glück !
Unsere Zukunft – die bauen wir neu,
Du Kamerad, tapfer und treu !
Herrlich das Ziel und gewaltig die Zeiten –
Keiner von uns steh' zurück !

Wir marschieren usw. – – –

3) Kraftvoll geeint stehn wir alle zur Fahne,
die uns der Führer gezeigt,
Der uns befreit von dem irrigen Wahne.
Dankbar das Volk sich ihm neigt.
Mit ihm marschier'n wir ins neudeutsche Land –
Du Kamerad, gib deine Hand !
Kraftvoll geeint stehn wir alle zur Fahne,
die uns der Führer gezeigt !

Wir marschieren usw. – – –

4) Wir von der Flak stehn als rechte Soldaten,
Treu zu des Führers Gebot.
Ruft er uns auf zu befreienden Taten,
Folgen wir ihm in den Tod !
Mit Leib und Leben gehören wir Dein,
Du Vaterland, Dir nur allein !
Wir von der Flak stehn als rechte Soldaten
Treu zu des Führers Gebot !

Wir marschieren usw. – – –

3 Hermann Freytag (1900–1962), Duisburger Oberbürgermeister vom 30. April 1937 bis zum 11. April 1945. Vorher war er Kreisleiter in Essen.

das Verhalten bei Luftangriffen, insbesondere bei Dachstuhl- und Zimmerbränden, durch und förderte den Bau von Schutzräumen, die Entrümpelung der Dachböden, die Beschaffung von Verdunklungsvorrichtungen und von Selbstschutzgeräten, wie Feuerpatsche, Löschsand, Einreißhaken und die berühmte Volksgasmaske. Der Luftschutzwarndienst legte ein Alarmsystem an, der Sicherheits- und Hilfsdienst (SHD) hatte Rettungsstellen, Instandsetzungsparks, Entgiftungsparks sowie Auffang- und Sammelstellen für Obdachlose zu schaffen und zu betreuen.

Innerhalb des Stadtgebietes wurden zunehmend größere Luftschutzbauten ausgeführt. Öffentliche Schutzräume wurden errichtet, die Keller der öffentlichen Gebäude und der Schulen ausgebaut, betonierte Befehlsstellen für die wichtigsten Behörden eingerichtet. Am 1. Juli 1939 konnten 28 000 Menschen bombensicher untergebracht werden.

Im Februar 1938 gab Hitler eine Verstärkung der Wehrmacht bekannt. Am 13. März wurde Österreich an das Reich angeschlossen. In den folgenden Monaten verschärfte sich die internationale Lage noch mehr durch den Konflikt um das Sudetenland. Am 24. April forderte der Führer der sudetendeutschen Partei, Konrad Henlein, in seinen «Karlsbader Punkten» die autonome Selbstverwaltung für die sudetendeutschen Gebiete. Die Westmächte schalteten sich ein, die Lage spitzte sich zusehends zu.

> «Die Zahl der Flak-Geschütze und Scheinwerfer, die man in langen Kolonnen durch die Stadt rollen sah, überstieg um ein mehrfaches den Bestand, den unsere Garnison in normalen Tagen gebraucht hatte.»
> *Walter Ring. Chronik der Stadt Duisburg für die Zeit vom 1.1.1937 – 31.3.1939*

Die Duisburger Flak-Garnison übte Nacht für Nacht die Abwehr feindlicher Flugzeuge im Licht starker Scheinwerfer. Die ganze deutsche Grenze wurde zum Luftsperrgebiet erklärt, mit nur wenigen Durchlässen für den zivilen Luftverkehr. Die Duisburger Flak-Artillerie erhielt Verstärkung, da hier neben der Bevölkerung in besonderem Maße die kriegswichtigen Industrie- und Hafenanlagen sowie die Rheinübergänge zu schützen waren. Im Raum Duisburg bezog sie 40 Kommandostellungen, die von Haus Hartenfels aus zentral geleitet wurden. Kurzlehrgänge sollten die Kenntnisse der Bevölkerung in Sachen Luftschutz auffrischen. Der Bedarf an schwarzem Papier und Holzleisten für Verdunklungseinrichtungen war zeitweise kaum noch zu decken. Sogar die für «Feuerpatschen» beliebten Aufnehmer waren ausverkauft.

Am 28. Mai verkündete Hitler den Baubeginn des Westwalls, eines Befestigungsgürtels an der deutschen Westgrenze, der nördlich Aachen begann und über 630 Kilometer bis zur Schweizer Grenze reichte. Tatsächlich hatten die Arbeiten an einigen Stellen – gut getarnt – schon einige Zeit früher an-

«Von der Schachtanlage Friedrich-Heinrich in Lintfort, von der Anlage Neumühl, sowie aus Duisburg-Meiderich wird gemeldet, daß Bergarbeiter, die sich ihrem Vorgesetzten nicht unbedingt gefügig zeigen, zur Befestigungsarbeit nach dem Westen geschickt werden. Zumindest wird ihnen ständig damit gedroht. So hält man die Leute unter Druck und macht sie ‹arbeitswilliger›. Einem Bergmann, der drei Tage wegen Krankheit dem Betrieb ferngeblieben ist, wurde vom Betriebsführer eröffnet, daß er entlassen sei und nun zur Grenzbefestigungsarbeit zum Schippen gehen könne. Vielleicht werde es ihm besser gefallen, wenn er unter militärischer Aufsicht arbeiten könne.»

Deutschland-Berichte der SOPADE, 1939

4 *Wilhelm Loch (*1892), 1932 bis 1945 Kreisleiter der NSDAP in Duisburg*

gefangen. Fast eine halbe Million Menschen waren an dem gigantischen Werk beschäftigt, die mit Hilfe eines besonderen Gesetzes zur «Bereitstellung des Kräftebedarfs zur Durchführung unaufschiebbarer Aufgaben von besonderer staatspolitischer Bedeutung» rekrutiert wurden. Darunter waren auch zahlreiche Duisburger Facharbeiter, zeitweise bis zu 4000, mit der Folge, daß in Duisburg ein seit vielen Jahren nicht mehr gekannter Arbeitskräftemangel eintrat und die Arbeitszeit erhöht werden mußte. Die Behörden stellten Beamte zur Verfügung. Zeitweise waren 26 Techniker des Bauamtes auf diese Weise «auswärts eingesetzt». Die Eisenindustrie lief auf Hochtouren. Duisburg stellte zahlreiche Autobusse, die die Arbeiter von den Quartieren zu den Arbeitsstellen fuhren, und die Sprengwagen des städtischen Fuhrparks, die sonst die Duisburger Straßen reinigten, transportierten Wasser zu den Betonmischmaschinen. In den Jahren 1939/40 übte der Westwall in der Tat eine abschreckende Wirkung aus, so daß Frankreich ihn nicht anzugreifen wagte. 1944/45 hat er aber die in ihn gesetzten Erwartungen nicht erfüllt.

Ende September 1938 schien es, daß ein gewaltsamer Konflikt um das Sudetenland nicht mehr zu vermeiden war. Am 28. September ging bei der Stadtverwaltung in Duisburg ein Geheimbefehl ein, nach dem die für den Mobilmachungsfall vorgesehenen Maßnahmen in Kraft zu setzen seien. Zur gleichen Zeit fand draußen auf dem Burgplatz eine Kundgebung statt, bei der «Treue dem Führer und Treue den sudetendeutschen Volksgenossen» gelobt wurde. Tags darauf rettete das folgenschwere Münchener Abkommen für den Augenblick noch einmal den Frieden. Am 1. Oktober rückten deutsche Truppen in das Sudetenland ein, das annektiert und zur Sicherung mit deutschen Polizeieinheiten versehen wurde. Auch eine Hundertschaft Duisburger Schutzpolizei wurde nach Gablonz beordert.

Wie überall wurden auch in Duisburg wirtschaftliche Vorkehrungen für den Kriegsfall getroffen.

N. S. Reichsbund für Leibesübungen
Fachamt Fußball

Stadion Hamborn

Sonntag, 20. August 1939, 15 Uhr

1. Hauptrunde um den Tschammerpokal

Hamburger Sportverein

4. in der Deutschen Meisterschaft 1939

gegen

Hamborn 07

Eintrittspreise:	Vorverkauf:	Kasse:
Gedeckte Tribüne	RM 1,10	RM 1,65
Geländesitzplatz	„ 0,80	„ 1,10
Stehplatz	„ 0,55	„ 0,80
Wehrmacht, RAD, Schüler		0,30

Vorverkauf:
Duisburg: National-Zeitung, Duisburger General-Anzeiger, Rhein und Ruhrzeitung, Schalz-Annoncen, Verkehrsverein. Ruhrort: Bürgergesellschaft, Landestraße. Laar: Cigarren Wagner, Adolf-Hitler-Str. Beeck: Zimmer, Kaiser-Wilhelm-Str. Hamborn: Schwarz, Kaiser-Wilhelm-Str., Schmidt, Alleestr. Meiderich: Bahnhofshotel Thomas. Homberg: Allbud Cigarrengeschäft und bei allen K.d.F.-Dienststellen.

Schluß des Vorverkaufs: Freitag, den 18. August 1939, Vormittags 10 Uhr

5 *12 Tage vor Kriegsausbruch verlor Hamborn 07 3:1 gegen den HSV, soll sich jedoch, der Presse zufolge, «gegen die erfahrenen Hamburger ausgezeichnet gehalten» haben.*

Obwohl der Hafen als Standort von Großmühlen und Stapelplatz für große Getreidemengen ohnehin über eine Reihe großer Getreidespeicher verfügte, mußten noch fünf weitere dieser «Brotschränke des Ruhrgebiets» am Innenhafen gebaut werden. Da auch dies den Bedarf nicht deckte, wurden Säle aller Art beschlagnahmt und mit Getreide angefüllt. Zeitweise waren mehr als die Hälfte der Duisburger Turnhallen in dieser Weise zweckentfremdet.
Am 15. März 1939 besetzten deutsche Truppen unter Bruch des Münchener Abkommens die Rest-Tschechoslowakei, am 16. März wurde das Protektorat Böhmen und Mähren errichtet, ein Coup, der in London und Paris schlagartig offenbarte, daß es Hitler nicht um die Revision des Versailler Vertrages und um Selbstbestimmung des Volkes ging, sondern um Hegemonie und Expansion.
Zwei Tage darauf legten Großbritannien und Frankreich Protest ein. Am 27. März führte England die allgemeine Wehrpflicht ein, eine Maßnahme, die sonst nur für Kriegszeiten vorgesehen war. Am 31. März gab der britische Premierminister Chamberlain eine englisch-französische Garantieerklärung für Polen ab, in der Befürchtung, Hitler könnte hier die gleichen Methoden zur Anwendung bringen wie in der Tschechoslowakei und die Rückkehr Danzigs und eine Verbindung zwischen dem Reich und Ostpreußen gewaltsam erzwingen. Hitler kündigte am 28. April das deutsch-englische Flottenabkommen und schloß am 22. Mai ein Militärbündnis mit Italien, den «Stahlpakt». Am 23. August gelang ihm mit dem deutsch-sowjetischen Nichtangriffspakt der entscheidende Coup, der ihn im Kriegsfall vor der gefürchteten Zweifrontensituation schützen sollte, und 2 Tage später wurde ein englisch-polnisches Bündnis abgeschlossen.
In Duisburg ging man daran, die Schienen stillgelegter Eisenbahnlinien aufzunehmen und die Eisengitter von den Vorgärten abzuschrauben, um die Vorratslager für Eisenschrott aufzufüllen.
Am 31. August um 17.00 Uhr erreichte die deutschen Einheiten an der Ostgrenze der Befehl Y = 1.9.4.45. Y bezeichnete den «Fall Weiß», den Angriff auf Polen. Am nächsten Morgen um 4.45 Uhr überschritten fünf deutsche Armeen die polnische Grenze; in Danzig nahm das dort «auf Besuch» liegende Schulschiff «Schleswig-Holstein» die Westerplatte unter Feuer. Fingierte polnische Überfälle hatten einen fadenscheinigen Vorwand liefern müssen.
Am 3. September um 11.00 Uhr lief ein englisches Ultimatum ab und ließ den Kriegszustand zwischen Deutschland und England eintreten. Ein gleichlautendes französisches Ultimatum war auf 17.00 Uhr begrenzt. Damit war die Zweifrontensituation eingetreten, die Hitler hatte vermeiden wollen. Aus dem begrenzten Krieg gegen Polen wurde sofort und – zu diesem Zeitpunkt – unerwartet ein europäischer Krieg, der sich schließlich zum Weltkrieg entwickelte.

Leben im Krieg

Eine Stunde nach Ablauf des englischen Ultimatums konnte man in Duisburg zum ersten Mal in diesem Krieg einen Ton hören, der sich im Laufe der nächsten fünfeinhalb Jahre durch Hunderte von Wiederholungen einprägen sollte: das an- und abschwellende Warnsignal der Luftschutzsirenen. Die Stimmung in der Stadt war ernst, ohne die Begeisterung, die den Kriegsausbruch 1914 begleitet hatte, wenngleich zumeist das Vertrauen in die Führung und in die deutschen Waffen überwog. Man fragte sich, wann und inwieweit die Stadt vom unmittelbaren Kriegsgeschehen betroffen werden würde, sei es durch die relative Nähe der Westgrenzen, sei es durch die feindliche Luftwaffe.

Es zeigte sich bald, daß es damit noch Zeit hatte. Der Krieg fand – zunächst – im Osten statt, und auch hier war er nach wenigen Wochen zu Ende. Die Westgrenze blieb ruhig, da die Westmächte vorerst darauf verzichteten, zugunsten Polens einen Entlastungsangriff auf die Reichsgrenze zu führen. Es blieb beim «Sitzkrieg», dem «drôle de guerre», der hoffen ließ, daß es mit dem Kampf mit Polen sein Bewenden haben, daß der große Krieg noch einmal abgewendet werden könnte.

Zwar war vorsorglich die militärische Bewachung der Rheinbrücken angeordnet worden. Für jede Brücke wurde ein eigener Brückenkommandant abgestellt, dem eine Brückenkompanie und einige Pioniere zur Bedienung der Sprengkammern unterstanden. An den Brückenauffahrten waren Maschinengewehrstellungen installiert, die mit ihren nach Westen gerichteten Rohren zwar einen martialischen Anblick boten, aber angesichts der militärischen Lage während der ersten sechs Monate des Krieges ziemlich überflüssig erscheinen mußten.

Zwar ließen feindliche Flugzeuge, die auch über Duisburg erschienen, erkennen, daß die Abwehr keineswegs so undurchdringlich war, wie die Propaganda hatte glauben machen wollen, doch warfen sie nur Flugblätter ab. Schließlich hielt man die Gefahr aus der Luft für so gering, daß man sogar das Glockenläuten wieder erlaubte, das verboten worden war, weil es die Horchgeräte der Abwehr hätte stören können.

Dennoch war Verdunklung vom ersten Kriegstag an das Gebot der Stunde. Das Luftschutzgesetz war schon am 23. Mai 1939 durch die Verdunklungs-Verordnung ergänzt worden. An allen Fenstern und nach außen führenden Türen mußten Verdunklungsvorrichtungen aus schwarzem Papier angebracht werden. Streifen der Polizei, der SA und der SS überwachten die Einhaltung. Auch auf dem Rathausturm wurden Wachen postiert, die auf austretendes Licht zu achten hatten. Die Straßenbeleuchtung blieb ständig ausgeschaltet, die Scheinwerfer der Autos und Straßenbahnen mußten mit besonderen Masken so präpariert werden, daß nur ein schmaler, nach unten gerichteter Lichtstrahl austreten konnte. Fußgänger trugen phosphoreszierende Scheiben am Revers, um in der Dunkelheit nicht zusammenzustoßen. Bordsteine, Treppenstufen, Hausecken und Hindernisse wurden mit weißer Farbe markiert.

Eine weitere Maßnahme, die ständig den Kriegszustand ins Bewußtsein rief, sollte fast doppelt so lange Bestand haben wie der Krieg. Lebensmittel und Verbrauchsgüter wurden rationiert. Die ersten Lebensmittelkarten wurden am 28. August 1939 ausgegeben. Niemand ahnte, daß sie für mehr als 10 Jahre, bis zum 30. April 1950, das tägliche Leben begleiten würden. Ausgegeben wurden sie von der Abteilung B des Ernährungsamtes, einer neuen städtischen Behörde, die am 22. August eingerichtet worden war. Abteilung A war für die Beschaffung zuständig. Die wichtigsten Lebensmittel konnten nur noch gegen Vorlage des entsprechenden Abschnitts der Lebensmittelkarte bezogen werden. Die Karten wurden in meist vierwöchigen Zuteilungsperioden ausgegeben und nach Alters-

6 *Maschinengewehrstellung am Aufgang zur Rheinbrücke Ruhrort-Homberg im Herbst 1939. Zum Schuß kam sie nicht, da der befürchtete Angriff aus dem Westen ausblieb.*

stufen für Erwachsene und Kinder verschiedenen Alters gestaffelt. Daneben gab es Zulagekarten für Schwerarbeiter, Nachtarbeiter, werdende und stillende Mütter, Kranke usw. Im Dezember 1939 erhielt der Normalverbraucher pro Woche:

Brot und Mehl	2400 Gramm
Fleisch und Fleischwaren	500 Gramm
Milch	1 3/4 Liter
Butter	143,75 Gramm
Margarine	78,75 Gramm
Speck/Schmalz	46,25 Gramm
Käse	62,50 Gramm
Zucker	250 Gramm
Marmelade	100 Gramm
Nährmittel	150 Gramm
Kaffee-Ersatz	100 Gramm
Eier	1 Stück

Das entspricht etwa 1500 bis 1600 Kalorien pro Tag. Am Anfang waren allerdings sonstige Lebensmittel, wie Kartoffeln, Gemüse, Obst, und anderes noch frei verkäuflich, so daß die Rationen um ein Beträchtliches aufgestockt werden konnten. Das änderte sich aber schon nach wenigen Monaten, als auch diese Dinge der Zwangsbewirtschaftung unterworfen wurden. Zwar war das, was mit Hilfe der Lebensmittelkarten aufgerufen wurde, in aller Regel auch in den Läden tatsächlich vorhanden, aber die Zuteilungen waren alles andere als üppig. Das

7 *Reichsfettkarte, ausgegeben vom Ernährungsamt Duisburg 1939. Entsprechende Karten gab es auch für Brot, Fleisch, Milch, Eier, Zucker usw., aber auch für Textilien und Tabakwaren. Beim Einkauf wurde der entsprechende Abschnitt abgetrennt und diente seinerseits dem Händler zur Abrechnung mit den Beschaffungsstellen.*

Körpergewicht der Erwachsenen ging rasch zurück.

Die Versorgung mit Kartoffeln geriet schon im ersten Kriegswinter in Schwierigkeiten. Im Winter 1941/42 mußte man wieder auf die schon im Ersten Weltkrieg zur Legende gewordene Steckrübe zurückgreifen. Um die Schweinemast im Stadtgebiet zu steigern, wurde von der Nationalsozialistischen Volkswohlfahrt (NSV) die Anpflanzung von Mais veranlaßt und mit Hilfe von Lehrern und Schülern betrieben.

Nur selten, so gelegentlich zu Weihnachten oder auch nach besonders schweren Bombenangriffen, gab es Sonderzuteilungen, die zwar freudig erwartet wurden, aber meist enttäuschend niedrig ausfielen und jedenfalls an der Ernährungslage nichts änderten.

Das gleichfalls im August 1939 eingerichtete Wirtschaftsamt war für alle übrigen Versorgungsgüter zuständig. Vor allem die Knappheit an Textilien wurde bald fühlbar. Zunächst wurde ein Normalbestand eines Verbrauchers an Textilien festgelegt. Nur bei anerkannter Unterschreitung dieses Bestandes durften entsprechende Bezugsscheine ausgegeben werden. Als Normalbestand galt für Männer:

vollständige Anzüge	2 Stück
Arbeitsanzüge	2 Stück
Regenmäntel	1 Stück
Wintermäntel	1 Stück
Hemden	3 Stück
Unterhosen	3 Stück
Nachthemden	2 Stück
Taschentücher	6 Stück
Socken (Paar)	6 Stück

Zum 1. November wurde auch hier das Kartensystem eingeführt, das dem Einzelnen in gewissen Grenzen die Wahl ließ, welche Textilien er für die Punkte auf seiner Karte beziehen wollte. Einige Waren blieben jedoch bezugsscheinpflichtig und wurden nur ausgegeben, wenn der «Normalbestand» unterschritten wurde. Gegen Ende des Krieges wurden Spinnstoffe an Normalverbraucher gar nicht mehr ausgegeben, sondern nur noch an Fliegergeschädigte. Der Erfindungsgabe und dem Geschick im Flicken, Wenden und Umändern eröffnete sich ein weites und immer weiter werdendes Betätigungsfeld.

Schon im ersten Kriegswinter 1939/40, der sehr kalt war, machte sich der Mangel an Heizmaterial bemerkbar. Die Kriegsindustrie beanspruchte den größten Teil dessen, was sonst für die Hausbrandversorgung vorgesehen war. Während der kältesten Perioden mußte in den Schulen der Unterricht ausgesetzt werden, weil mit den zugeteilten Mengen annehmbare Temperaturen nicht mehr zu erreichen waren. Der «Kohlenklau» ging um. Um ihm zu begegnen, wurden in der Öffentlichkeit allerlei gute Ratschläge verbreitet, zum Beispiel, in Mietshäusern in jeder Wohnung nur einen Teil der Räume zu heizen, und zwar jeweils die übereinan-

8 *Nach dem «Blitzkrieg» gegen Polen konnten schon Ende Oktober 1939 Teile der Armee Blaskowitz nach Westen zurückverlegt werden, die z. T. in Duisburg Quartier nahmen. Das «Beutestück» im Hintergrund zeigt den polnischen Adler und die Aufschrift «Schultheißenamt».*

derliegenden, um Wärmeverluste durch die Decke zu vermeiden.

Am radikalsten waren die Einschränkungen des Autoverkehrs. Die Versorgung mit Treibstoff war während des gesamten Krieges auch für die kämpfende Truppe eines der gravierendsten logistischen Probleme. Dementsprechend wurde der zivile Verbrauch drastisch reduziert. Nur etwa 15 % des Bestandes an Kraftfahrzeugen durfte überhaupt noch benutzt werden. Nur für «lebenswichtige Fahrten» eingesetzte Wagen bekamen am 20. September 1939 den begehrten «Roten Winkel», der zum Bezug von Treibstoff berechtigte. Von den 1153 Autos, die vor dem Krieg in Duisburg registriert waren, blieben ganze 175 in Betrieb. Nicht lebenswichtige Fahrten waren mit harten Strafen bedroht, entsprechende Kontrollen wurden laufend durchgeführt. Aber auch für die als lebenswichtig anerkannten Fahrten wurde die Benzinzuteilung im Laufe des Krieges immer knapper. Manche halfen sich, indem sie ihre Autos auf Holzgasbetrieb umstellten. Andere besannen sich auf den guten alten «Hafermotor». Sogar Ochsengespanne wurden gesehen.

Treibstoffmangel und die Schwierigkeit, die Reifen zu erneuern, zwang auch zur Einschränkung des Omnibusbetriebs. Neuwertige Busse mußten ohnehin gleich zu Beginn des Krieges an die Wehrmacht abgegeben werden. Die verbliebenen wurden zum Teil später auf Holzgasbetrieb umgestellt, was sich aber nicht recht bewährte. Schließlich versuchte man es mit Anthrazit als Brennstoff.

Einschränkungen gab es auch bei der Reichsbahn. Schon zu Weihnachten 1940 wurde der zusätzliche Feiertagsverkehr als «durchaus unerwünscht» bezeichnet. Bei Ferienbeginn 1941 wurden für Fernfahrten besondere Zulassungskarten ausgegeben. Seit Anfang 1942 wurden solche Karten vorzugsweise für «kriegswichtige» Fahrten ausgegeben, für private Reisen blieb nur, was nicht beansprucht worden war. Nur eine Urlaubsreise pro Jahr wurde «im Sinne der Volksgesundheit» vorerst noch zugelassen. Sie mußte auf der ein Jahr gültigen Reichskleiderkarte abgestempelt werden.

Wenn auch infolge der relativen Ruhe an der Westgrenze vom unmittelbaren Kriegsgeschehen zunächst nicht viel zu spüren war, so beherrschte doch das Militär das Bild der Straßen. Neben den hier stationierten Flak-Einheiten und Brückenwachen gab es noch diverse andere Truppenteile, die hier aufgestellt waren und ausgebildet wurden. Im Oktober 1939, als der Krieg gegen Polen zu Ende war, wurden Teile der Armee Blaskowitz von dort nach dem Westen verlegt und bezogen für einige Monate Quartier in Duisburg – über 14000 Mann. Bis März 1940 stieg ihre Zahl auf etwa 20000, die zum großen Teil in Privatwohnungen einquartiert werden mußten. Viele waren auch in Schulen oder größeren Sälen untergebracht. In Alsum lag vom 30. Dezember 1939 bis zum 10. Mai 1940 die 9. Batterie des Artillerieregiments 216 in Quartier. Die NS-Gemeinschaft «Kraft durch Freude» (KdF) veranstaltete Theater- und Varietéabende, Filmvorführungen und Kameradschaftsabende.

Die Ruhe jedoch trog. Schon Ende September hatte Hitler beschlossen, im Westen eine Offensive vorzutragen, wenn die Westmächte nicht einlenkten. Am 9. Mai war es soweit. Hitler gab den Befehl «Hindenburg – Gelb 10.05.35», Beginn der Westoffensive am 10. Mai 1940 um 5.35 Uhr. Am Nachmittag des 9. Mai wurden die in Duisburg einquartierten Truppen alarmiert und rückten in aller Eile aus. Um Mitternacht folgte der Troß. Morgens, pünktlich um 5.35 Uhr, brachen deutsche Truppen ohne Kriegserklärung in die neutralen Länder Holland, Belgien und Luxemburg ein. «Stukas», Sturzkampfflugzeuge, starteten immer wieder vom Duisburger Flugplatz Neuenkamp, um ihre Bombenlast gegen die holländischen Grenzstellungen zu tragen. Drei Tage später fielen die ersten englischen Bomben auf Duisburg. Der Krieg hatte die Stadt erreicht.

Dennoch nahm man die vorerst noch ziemlich glimpflichen Schäden nicht sonderlich tragisch. Denn der Westfeldzug wurde zum Siegeszug, der «Sichelschnitt» gelang, das englische Expeditionskorps mußte sich über Dünkirchen vom Kontinent zurückziehen, Frankreich kapitulierte. Am 25. Juni um 01.35 Uhr trat der Waffenstillstand in Kraft. Wenige Tage später, am 2. Juli, erging erstmals eine Weisung für eine Offensive gegen den nunmehr noch verbliebenen Feind England, bei deren Vorbereitung Duisburg eine wichtige Rolle spielte. Am 16. Juli erläuterte Hitler das «Unternehmen Seelöwe»: «Da England, trotz seiner militärisch aussichtslosen Lage, noch keine Anzeichen von Verständigungsbereitschaft zu erkennen gibt, habe ich mich entschlossen, eine Landeoperation gegen

> «Der Feind warf in der letzten Nacht an mehreren Orten Nord- und Westdeutschlands Spreng- und Brandbomben. In Köln, Duisburg und Bochum entstanden stärkere Zerstörungen an Wohngebäuden. Industrie- und Bahnanlagen wurden nur unerheblich beschädigt. Die Zivilbevölkerung erlitt Verluste an Toten und Verletzten.»
> *Duisburg erstmals im Wehrmachtsbericht (12.6.1941)*

England vorzubereiten und, wenn nötig, durchzuführen.» Duisburger und Ruhrorter Werften erhielten von der Marine den Auftrag, Transportschiffe für dieses Unternehmen vorzubereiten. Als Abschlußtermin wurde der 15. September angegeben, da danach das Wetter für die entscheidende Mitwirkung der Luftwaffe als zu unsicher angesehen wurde. Der Zeitdruck zwang zum Improvisieren. Man requirierte Rheinschiffe und Kanalkähne und baute sie mit einfachen Methoden zu Landungsfahrzeugen um. Der Boden der Schiffe wurde, um Ballast zu schaffen, mit Zement ausgegossen, damit die Schiffe für den Seegang im Kanal die nötige Stabilität erhielten. Der Bug wurde abgeschnitten und statt dessen eine Klappbrücke angebracht, über die die Panzer in den Laderaum fahren und an der englischen Kanalküste an den Strand rollen konnten. Der deutschen Wirtschaft wurden auf diese Weise 440000 BRT Schiffsraum entzogen, mehr als ein Drittel des Bestandes. Aber das Unternehmen wurde immer wieder hinausgeschoben, weil die entscheidende Voraussetzung nicht erreicht wurde: die deutsche Luftüberlegenheit über dem Kanal und Südengland. Am 12. Oktober, als das zunehmend schlechter werdende Wetter die Aussichten schwinden ließ, entschloß sich Hitler, das «Unternehmen Seelöwe» auf das Frühjahr 1941 zu verschieben. Bis zum Frühjahr jedoch war die Luftschlacht über England praktisch verloren. Damit war der «Seelöwe» gestorben. Zwar hat die Marine bis zum Mai 1941 noch umgebaute Schiffe übernommen, gebraucht wurden sie jedoch nicht mehr. Ob sie im Ernstfall die Probe im Seegang des Kanals bestanden hätten, ist zweifelhaft. So blieben sie im Hafen liegen und fielen zum Teil noch den englischen Bomben und später den amerikanischen Granaten zum Opfer.

9 *Die Bagage-Kolonne einer aus Polen zurückgekehrten Einheit bringt ihre Wagen in Stellung (Herbst 1939)*

Eines der Probleme, das sich sofort bei Kriegsbeginn sehr störend bemerkbar machte, war der Arbeitskräftemangel als Folge der Einberufungen zur Wehrmacht. Im öffentlichen Dienst war er schon vor Kriegsbeginn eingetreten infolge der Westwallarbeiten, des Aufbaues der Wehrmacht, des «Anschlusses» und der Besetzung des Sudetenlandes und der Errichtung des Protektorates Böhmen-Mähren – alles Dinge, die Arbeitskräfte absorbierten – zum Teil auch dadurch, daß die Industrie, die auf Hochtouren arbeitete, höhere Vergütungen zahlte. Mit Kriegsbeginn verstärkte sich der Mangel noch mehr durch die Einberufungen und durch die zusätzliche Einrichtung von Kriegsämtern – Wirtschafts- und Ernährungsamt, Luftschutzamt etc. – Der Personalbestand sank bis auf 60 %. Per Verordnung wurde bestimmt, daß Bedienstete bei Erreichen der Altersgrenze vorerst nicht in den Ruhestand versetzt wurden. Bedienstete im Ruhestand hatten sich zur «Wiederverwendung» zu melden. Der «Arierparagraph» wurde gelockert. Ganz

10 ▷ *Kostprobe künftiger Genüsse...*

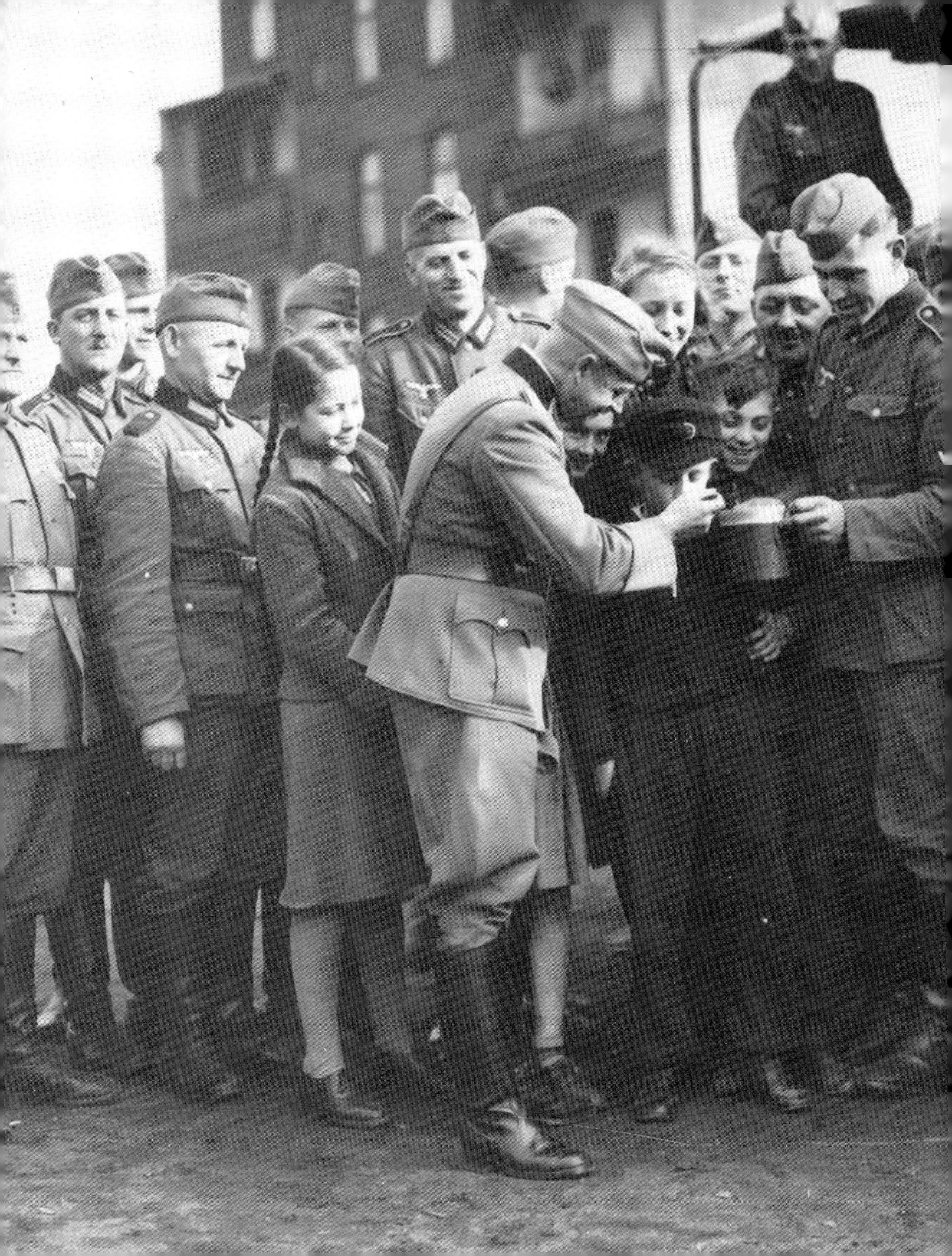

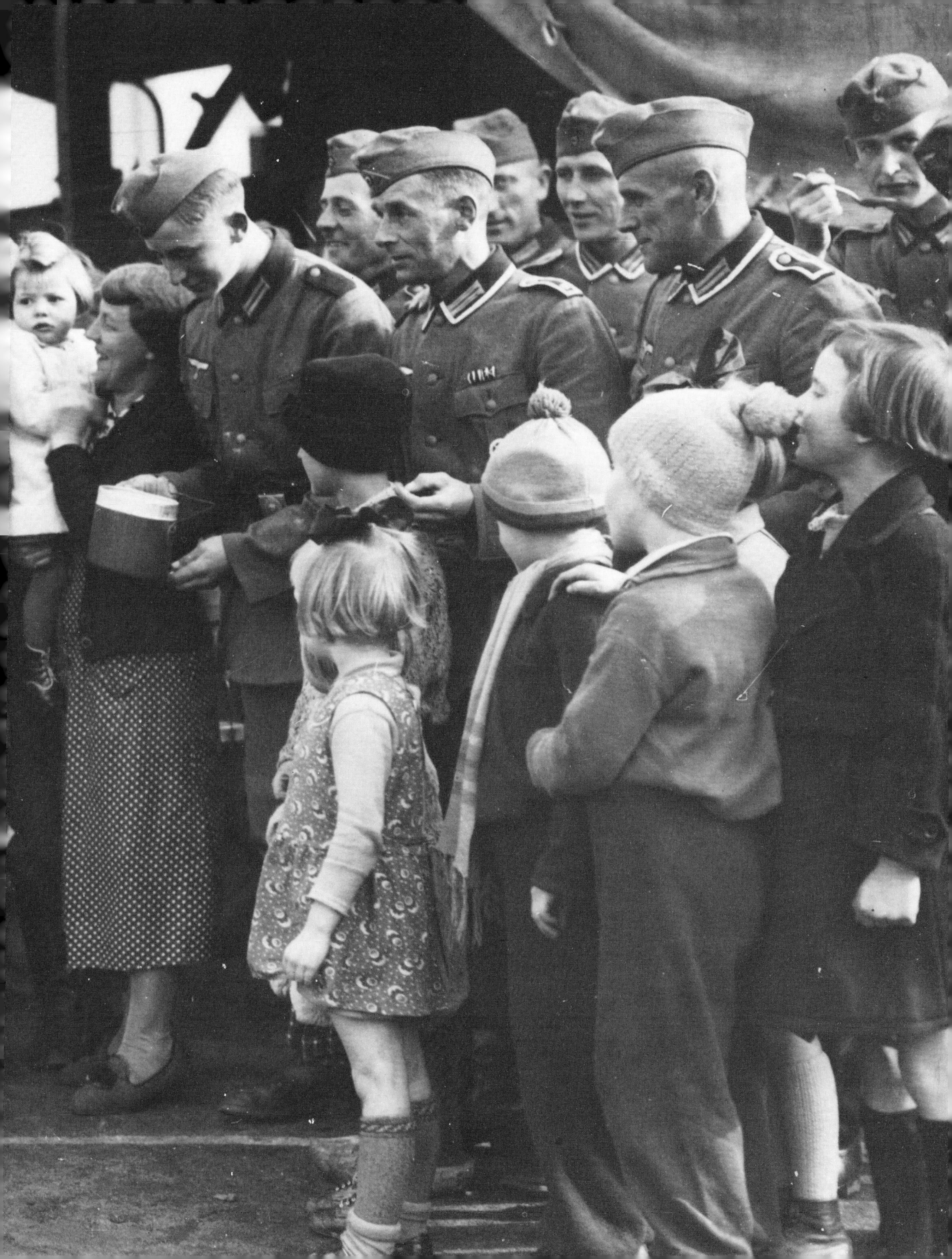

im Gegensatz zu den bisherigen Gepflogenheiten seit 1933 wurden in zunehmendem Maße Frauen in den Arbeitsprozeß eingegliedert. Schon im Oktober 1939 sah man die ersten Briefträgerinnen, im November die ersten Straßenbahnschaffnerinnen. Der Oberbürgermeister wurde ermächtigt, Arbeitskräfte zu Notdienstleistungen in den Kriegsämtern zu verpflichten.

Die Betriebe, soweit sie als kriegswichtig galten, wurden durch Einstellung zahlreicher Aushilfskräfte vor Arbeitskräftemangel geschützt. Von September 1939 bis Juli 1940 konnten 1200 saarländische Flüchtlinge dazu beitragen, die Lücken zu füllen. Aber die immer mehr auch auf die «U.K.» (unabkömmlich) gestellten Männer übergreifenden Einberufungen und die gleichzeitige Notwendigkeit, die kriegswichtige Industrieproduktion zu steigern, machte weitergehende Maßnahmen notwendig. Immer mehr Frauen wurden eingestellt, auch ältere, verheiratete. Die Kinder wurden unterdessen in Kindergärten verwahrt. Auch für Frauen wurde der Arbeitsdienst eingeführt. Manche Berufe, die entbehrlich schienen, wurden aufgehoben und verboten. Es bestand Meldepflicht bei den Arbeitsämtern, die den größten Teil der Bevölkerung überwachten und nach Bedarf einwiesen. Im Januar 1944 gab es eine «Verordnung über die Meldepflicht von Männern und Frauen, die infolge des Luftkrieges ihre bisherige Tätigkeit verloren haben». Nicht kriegswichtige Betriebe wurden immer wieder «ausgekämmt», schließlich ganz geschlossen.

Eine der fragwürdigsten Methoden, dem Arbeitskräftemangel entgegenzuwirken, war die Beschäftigung von Fremdarbeitern. 1940 waren die ersten französischen Kriegsgefangenen in Duisburg angekommen und in die Kriegswirtschaft eingegliedert worden. Neben den Kriegsgefangenen wurden bald und in zunehmendem Maße auch Zivilisten aus den besetzten Ländern als Fremdarbeiter beschäftigt, anfangs auf freiwilliger Basis, später wurden sie zwangsverschleppt. Neben Holländern und Franzosen waren es vor allem Polen und Ukrainer. Für das Deutsche Reich schwanken die Angaben über ihre Zahl zwischen 6 und 9 Millionen, in Duisburg waren es im Februar 1944 mehr als 30000. Sie waren zum Teil in Schulen untergebracht, so z.B. in der Schule an der Duissernstraße, zumeist aber in Lagern auf dem Gelände der Betriebe, in denen sie beschäftigt waren. Sie konnten sich aber anscheinend frei in der Stadt bewegen. Bis gegen Kriegsende haben sie sich unauffällig verhalten, wenngleich sie in den Augen der Partei und der Behörden eine ständige latente Gefahrenquelle darstellten. So fand im Juni 1944 eine «Übung zur Bekämpfung von Ausländerunruhen» statt, an der Schutzpolizei, Gestapo, SA, Wehrmacht sowie städtische und Reichsbehörden beteiligt waren. Als «Lage» wurde angenommen: Luftangriffe auf Industrie und Verkehrswege sowie Abwurf von feindlichen Flugblättern, mit denen Kriegsgefangene und Fremdarbeiter zu Sabotageakten in den Rüstungsbetrieben und zur Besetzung von Behörden und Fernsprechzentralen aufforderten. Aus der gleichen Befürchtung heraus sind die Fremdarbeiter auch zum größten Teil ins Landesinnere zurückgeführt worden, als Duisburg unmittelbares Frontgebiet wurde. Tatsächlich ist es zu derartigen organisierten Aufstandsbewegungen nicht gekommen. Nur in den letzten Kriegsmonaten kam es in Duisburg wie auch in anderen Ruhrgebietsstädten zur Bildung von Banden, die angesichts der katastrophalen Ernährungs- und Versorgungslage versuchten, ihre Existenzmöglichkeiten durch Einbrüche, Überfälle und Raubmorde aufzubessern und dabei auch oft die Gelegenheit wahrnahmen, für die Verschleppung und sonstiges angetanes Unrecht Rache zu üben.

Der Krieg eröffnete auch der schon sattsam bekannten Sammelleidenschaft der Partei neue Perspektiven. Schon im Winter 1933/34 war die Nationalsozialistische Volkswohlfahrt (NSV) mit dem Winterhilfswerk (WHW) angetreten, unter dem Motto: «Keiner soll hungern und frieren». Um «die Volksgemeinschaft zur Tat werden zu lassen», mußten alle in Arbeit Stehenden «freiwillig» Lohn- und Gehaltsabzügen in Höhe von 10% der gezahlten Lohnsteuer zustimmen, die vom Arbeitgeber einbehalten und direkt abgeführt wurden. Türplaketten bescheinigten, «daß der Inhaber dieser Plakette ein seiner wirtschaftlichen Lage entsprechendes Opfer für das WHW erbracht» hatte. Daneben wurden noch verschiedene Berufsgruppen zu Sonderopfern aufgerufen. Hinzu kamen für alle die regelmäßigen Straßensammlungen, Haussammlungen, Pfundsammlungen, die berühmten Eintopfsonntage, bei denen der gegenüber dem normalen Sonntagsessen gesparte Betrag gespendet werden sollte. Parallel zu diesen getarnten Steuererhöhun-

11 *Ein einquartiertes Regiment zieht «mit klingendem Spiel» durch die Schwanenstraße (Winter 1939/40). Das Einbandphoto zeigt die gleiche Perspektive einige Jahre später.*

gen stagnierten die Sozialleistungen der öffentlichen Hand.
Mit Kriegsbeginn wurden die Sammlungen in ein lückenloses, alle Einnahmequellen ausschöpfendes System gebracht. Die Lohnabzüge wurden erhöht, auch Rentner und Ruhegehaltsempfänger blieben nicht verschont. Wer glaubte, den vollen Satz nicht leisten zu können, konnte mit entsprechend ausführlicher Begründung Ermäßigung beantragen. Wer aber dabei in Verdacht geriet, bei seinem Spendeneifer hinter den Erwartungen zurückzubleiben – die Beiträge des Einzelnen bei den Haussammlungen blieben der Partei auch nicht unbekannt –, bekam entsprechende Mahnschreiben

12 Die 20 000 Soldaten, die Anfang 1940 in der Stadt stationiert waren, mußten teilweise in Privatwohnungen einquartiert werden.

13 Die «Westfälische Landeszeitung» berichtet vom Zusammenbruch Frankreichs im Juni 1940. Nach dem Polenfeldzug war der zweite «Blitzkrieg» erfolgreich zu Ende gegangen.

von der Partei, in denen von Sabotage die Rede war und von Zweifeln an der politischen Zuverlässigkeit. War der betreffende Beamter, so lag «ein Verstoß gegen die Beamtenpflicht der rückhaltlosen Bejahung des nationalsozialistischen Staates» vor; entsprechende Schritte wurden angedroht. Wenn auch dies nicht half, erging eine Vorladung des Ortsgruppenleiters der NSDAP. Nach einem solchen Gespräch war zumeist eine bedeutende Zunahme der Opferbereitschaft festzustellen.

Die Straßensammlungen, zu denen neben der HJ auch die Bediensteten der Stadtverwaltung «freiwillig» abkommandiert wurden, konzentrierten sich mit Vorliebe auf die öffentlichen Verkehrsmittel, in denen es während der Fahrt kein Entrinnen gab. Die ausgegebenen Plaketten verhinderten, daß fälschlich jemand behaupten konnte, er habe schon gespendet.

14 Um dem Arbeitskräftemangel abzuhelfen, wurden Kriegsgefangene in der Kriegswirtschaft eingesetzt. Hier beim Ausschlachten von alten Automotoren zur Gewinnung von Altmaterial.

Mit Kriegsbeginn wurden die – beträchtlichen – Erlöse weniger den notleidenden Volksgenossen zugeleitet, als vielmehr zur Finanzierung der Kriegskosten herangezogen. Was nicht hinderte, daß auf manchen der ausgegebenen Plaketten zu lesen stand: «WHW – Großdeutsche Friedenstat der Welt».

Die Bedürfnisse der Kriegswirtschaft ergaben aber auch ganz neue Arten von Sammlungen, so etwa von Altpapier, Flaschen, Metallen, Leder etc. Im März 1940 erließ Feldmarschall Göring einen Aufruf: «Deutsche Männer und Frauen! Die Heimat kennt keine größere Aufgabe und stolzere Verpflichtung, als der Front zu dienen ...» Daher solle jeder alle entbehrlichen Gegenstände aus Kupfer, Bronze, Messing, Zinn, Blei und Nickel in «nationalsozialistischer Opferbereitschaft» zur Verfügung stellen. «Diese freiwillige Spende soll das Geburtstagsgeschenk sein, das die deutsche Nation dem Führer zum 20. April darbringt.» Auf Anordnung des Reichspropagandaministers Joseph Goebbels bekam jeder, der derartige Metallgegenstände ablieferte, eine auf seinen Namen ausgestellte Urkunde. Die Stadtverwaltung Duisburg hatte vorsorglich 100 000 solcher Urkundenformulare bestellt.

Dieser «Metallspende des deutschen Volkes» war im Februar schon die Metallspende der Behörden vorausgegangen, bei der entsprechende Gegenstände aus Verwaltungs- und Schulgebäuden, staatlichen Krankenhäusern und dergleichen «auszusondern und zu unentgeltlicher Ablieferung bereitzuhalten» waren. So wurden im Duisburger Rathaus abmontiert: 8 Kronleuchter (Messing), 4 Wandleuchter (Messing), 10 Laternen (Messing und Bronze), 3 Türklinken (Messing), 3 Schließbleche (Messing), 30 Kleiderhaken (Messing) ... Messing und Bronze wurden für die Herstellung von Granaten dringend gebraucht. Auf diese Weise wurden bis zum 9. Oktober 1940 324 607 Kilogramm Buntmetalle abtransportiert. Das Gerücht, daß sich darunter auch zahlreiche Mutterkreuze befunden hätten, ist nicht belegt ...

Dem zunehmenden Bedarf an Kupfer und Bronze für die Herstellung von Granaten entsprang wenig nach der Buntmetallsammlung auch die Aufforderung an die Gemeinden, die bronzenen Denkmäler abzubrechen, «soweit nicht ihr künstlerischer, politischer, geschichtlicher oder heimatkundlicher Wert auch für kommende Geschlechter wichtig

15/16 *Französische Kriegsgefangene. Der Kampf gegen die nichteuropäischen «Hilfsvölker» der Alliierten wurde z. T. von den deutschen Soldaten als entehrend angesehen. «Wogegen wir Deutsche kämpfen müssen: Neger, Zuaven und sonst noch allerlei Gelumpe. Das wird immer ein Schandfleck auf Frankreichs Fahne sein», heißt es in einem Feldpostbrief von 1940.*

Stadt Duisburg
Stadtarchiv

Feldzugsplan der Nationalsozialistischen Hausfrau

1. Deine Familie sei Deine erste Sorge. Sie ist die Keimzelle des Staates. Du mußt alles tun, sie in einem erträglichen Ernährungszustand zu erhalten.

2. Der kommende zweite Kriegswinter wird an Dich, deutsche Hausfrau, noch größere Anforderungen stellen, als der vergangene Winter. Infolge der militärischen Operationen und der Mißernten in fast allen Gebieten Europas ist mit einer weiteren und äußerst erheblichen Verknappung der Lebensmittel zu rechnen. Wenn Du jetzt irgendwelche Lebensmittel auf Vorrat einkaufen kannst, denke nicht gleich an alle Verordnungen sondern zögere keinen Augenblick.

3. Indem Du das tust, nimmst Du den ohnehin überlasteten Behörden einen Teil ihrer Verantwortung ab und verhinderst, daß vorhandene Waren von Spekulanten und Kriegsgewinnlern im Großen beiseite gebracht werden.

4. Durch die vom Führer befohlene Aufrüstung zur Vorbereitung des Krieges ist die deutsche Währung ohnehin schwer gefährdet worden. Infolge der Weiterdauer des Krieges muß die Finanzlage als äußerst gespannt betrachtet werden. Es wird von Dir erwartet, daß Du die Zukunft Deiner Kinder sicherst.

5. Um das Volksvermögen zu erhalten, kaufe, wenn Du es irgend ermöglichen kannst, Wertgegenstände ein, die ihren Wert behalten. Kleinere Gegenstände (z.B. Schmuckstücke usw.) sind besonders zu empfehlen, weil sie im Falle von Bombenangriffen nicht so sehr der Zerstörungsgefahr ausgesetzt sind und bei notwendig werdenden Räumungen mitgenommen werden können.

6. Auf diese Weise hilfst Du nicht nur, die Zukunft der Deinen zu gewährleisten, sondern Du übst praktischen Sozialismus, indem Du die erworbenen Gegenstände dem Zugriff vom Wucherern und Kapitalisten entziehst.

7. Vorsicht ist die Tugend der deutschen Hausfrau. Traue nicht den falschen Glücksprophen, die Dir ein baldiges Ende des Krieges und andere schöne Dinge weissagen. Sie arbeiten wissentlich oder unwissentlich zum Vorteil des Feindes und wollen Dich und Deine Familie schädigen.

417   Die Kreisfrauenschaftsleiterin.

17 *Gefälschter Aufruf der Kreisfrauenschaftsleiterin, August 1940. Angesichts des erfolgreichen Westfeldzuges und der erwarteten Kapitulation Englands war die Wirkung der englischen Propagandabemühungen zu dieser Zeit gleich Null.*

Volksfeinde am Werk!

In der letzten Zeit haben wieder Schwätzer und Gerüchtemacher ihr ebenso dummes wie niederträchtiges Treiben entfaltet und zwar zum Teil in aller Öffentlichkeit. Es wurden Behauptungen des Inhaltes verbreitet, daß der Krieg nun bald zu Ende sei, und daß daher keine Notwendigkeit mehr bestehe für den Aufkauf von Lebensmittelvorräten und zum Erwerb von Sachwerten. Nach dem Friedensschluß könne man ja alles viel besser und billiger haben.

Die Kreisleitung sieht sich genötigt, diesen volksschädlichen Machenschaften in aller Form entgegenzutreten und die Volksgenossen nachdrücklichst vor den falschen Glücksprophen und ihren Ratschlägen zu warnen. Es kann keine Rede von einem baldigen Ende des Krieges sein. Wer jetzt Anderen eine angenehme Zukunft vorspiegeln will, der hat den Ernst der Zeit und den Sinn unserer Weltanschauung nicht erfaßt und verursacht durch sein Gerede schwersten volkswirtschaftlichen Schaden.

Nicht nur der Miesmacher, sondern auch der Faselhans ist ein Staatsfeind. Die Volksgenossen werden daher aufgefordert, die Partei bei der Entlarvung und Bekämpfung aller derartigen Machenschaften zu unterstützen und sich durch nichts in ihrer verantwortungsbewußten Vorsorge für den zweiten Kriegswinter hindern zu lassen.

Der Kreisleiter.

18 *Gefälschter Appell des Kreisleiters, August 1940. Die Engländer verbreiteten solche gefälschten Flugblätter im Reichsgebiet, um die deutsche Hoffnung auf ein baldiges Kriegsende zu stören.*

ist.» Auf der Abbruchliste standen unter anderem die Kriegerdenkmäler in Ruhrort und Beeck, das Kaiser-Wilhelm-Denkmal auf dem Kaiserberg, das Kaiser-Wilhelm-I-Denkmal auf dem Marktplatz in Meiderich, das Vincke-Denkmal am Vinckeplatz in Ruhrort, das Steinbartdenkmal am Steinbartgymnasium, das Kaiser-Wilhelm- und Bismarck-Denkmal vor der Schifferbörse. «Zur Erhaltung empfohlen» wurden unter anderem der Brunnen

19/20 *Bunter Nachmittag der Fremdarbeiter in der Kupferhütte zur Erheiterung der Zwangsverschleppten aus den besetzten Gebieten.*

im Rathausbogen (heute auf der Münzstraße) und der «wasserspendende Knabe» (besser bekannt als Manneke Pis). Der «Trauernde Jüngling» von Wilhelm Lehmbruck, der ohnehin als «entartet» galt, entging seinem Schicksal wohl nur dadurch, daß sein Verkauf beschlossen wurde.

Im Juni 1941 wurde eine Reichsspinnstoffsammlung durchgeführt, im Dezember folgte eine Woll- und Wintersachensammlung. Die letztere war die Folge einer weitreichenden militärischen Entscheidung. Am 22. Juni 1941, 3.35 Uhr hatte das «Unternehmen Barbarossa» begonnen, der Angriff auf die Sowjetunion. Aber hier hatte die bisher auf dem Kontinent so erfolgreich angewandte Technik des «Blitzkrieges» versagt. Die Kämpfe zogen sich hin. Dann brach plötzlich und verfrüht der russische Winter in aller Härte herein. Die Temperaturen sanken auf 30°. Der Angriff der für den Winterkrieg völlig unzureichend ausgerüsteten Truppen blieb im Schnee stecken. Mit den Handschuhen und Pullovern aus der Woll- und Wintersachensammlung sollte die Truppe wenigstens notdürftig versorgt werden. Auch Skier mußten abgegeben werden.

21 *Bescherung der Ostarbeiterinnen in der Kupferhütte Weihnachten 1943. Die als «rassisch minderwertig» geltenden Fremdarbeiter aus osteuropäischen Ländern, vor allem aus der Ukraine, hatten im allgemeinen einen schlechteren Status als solche aus Holland oder Frankreich.*

22 Straßensammlung für das Winterhilfswerk 2. Februar 1941.

Im selben Dezember 1941 griff Japan die amerikanische Flotte in Pearl Harbour an. Die USA, bisher schon das «Arsenal der Demokratien», trat nun auch formell in den Krieg ein. Der europäische Krieg wurde zum Weltkrieg.

Die Duisburger «Heimatfront» bemühte sich, Kontakt zu den an der Front stehenden Soldaten zu halten. Die HJ führte Büchersammlungen durch, mit deren Ergebnis Frontbüchereien eingerichtet wurden. Die NS-Frauenschaft packte Weihnachtspakete. Die Stadtverwaltung schickte gedruckte «Feldpostbriefe der Duisburger Stadtverwaltung» an die an der Front stehenden Kollegen. Regelmäßig wurde über die Zuversicht der Heimat, das Vertrauen in die Front berichtet, Listen der militärischen Beförderungen und Listen der Gefallenen veröffentlicht und schließlich auch Auszüge aus den Antwortbriefen abgedruckt. Zur Erbauung der «Heimatfront» wurden diese auch im Heimatkalender veröffentlicht. Zum Jahreswechsel schickte Oberbürgermeister Freytag seine Glückwünsche.

Der Verbindung zwischen Front und Heimat diente auch die – in vielen deutschen Städten übliche – Patenschaft über ein U-Boot. Die U-73 war von der Duisburger Ortsgruppe der U-Boot-Kameradschaft finanziert worden. Daher trug sie inoffiziell den Namen «Duisburg». Die Patenschaft äußerte sich darin, daß die Mannschaft von der Stadt regelmäßig mit Zeitschriften versorgt wurde und den Grundstock für eine Bordbibliothek erhielt. Der erste Kommandant, Kapitänleutnant Helmut Rosenbaum, durfte sich bei einem Besuch im Mai 1941 im Goldenen Buch verewigen. Sein größter Erfolg war die Versenkung des britischen Flugzeugträgers «Eagle» im August 1942. In diesem Jahr erlebte die deutsche U-Boot-Waffe den Höhepunkt ihres Erfolges mit ca. 7,5 Millionen BRT versenkten Schiffsraums. 1943 griffen die Gegenmaßnahmen der Alliierten, der U-Boot-Krieg brach zusammen. Im Dezember 1943 wurde auch die «U-Duisburg» versenkt.

Verlustmeldungen waren inzwischen in den Nachrichten von der Front häufiger geworden als Erfolge. Am 2. Februar 1943 war die Katastrophe von Stalingrad zu Ende gegangen, Symbol für die Wende im Ostkrieg. Immer häufiger wurden in Duisburg Urkunden zugestellt, die mit den Worten begannen: «Für Führer, Volk und Vaterland starb den Heldentod ...» Und immer häufiger erhielten

23 Einmal im Monat während des Winters war «Eintopfsonntag», an dem man das gegenüber dem normalen Sonntagsessen Gesparte für das Winterhilfswerk spenden sollte. Wer wollte, konnte das Eintopfgericht aus der Gulaschkanone der NSV beziehen. Die zugehörige Spende konnte gleich an Ort und Stelle abgeliefert werden.

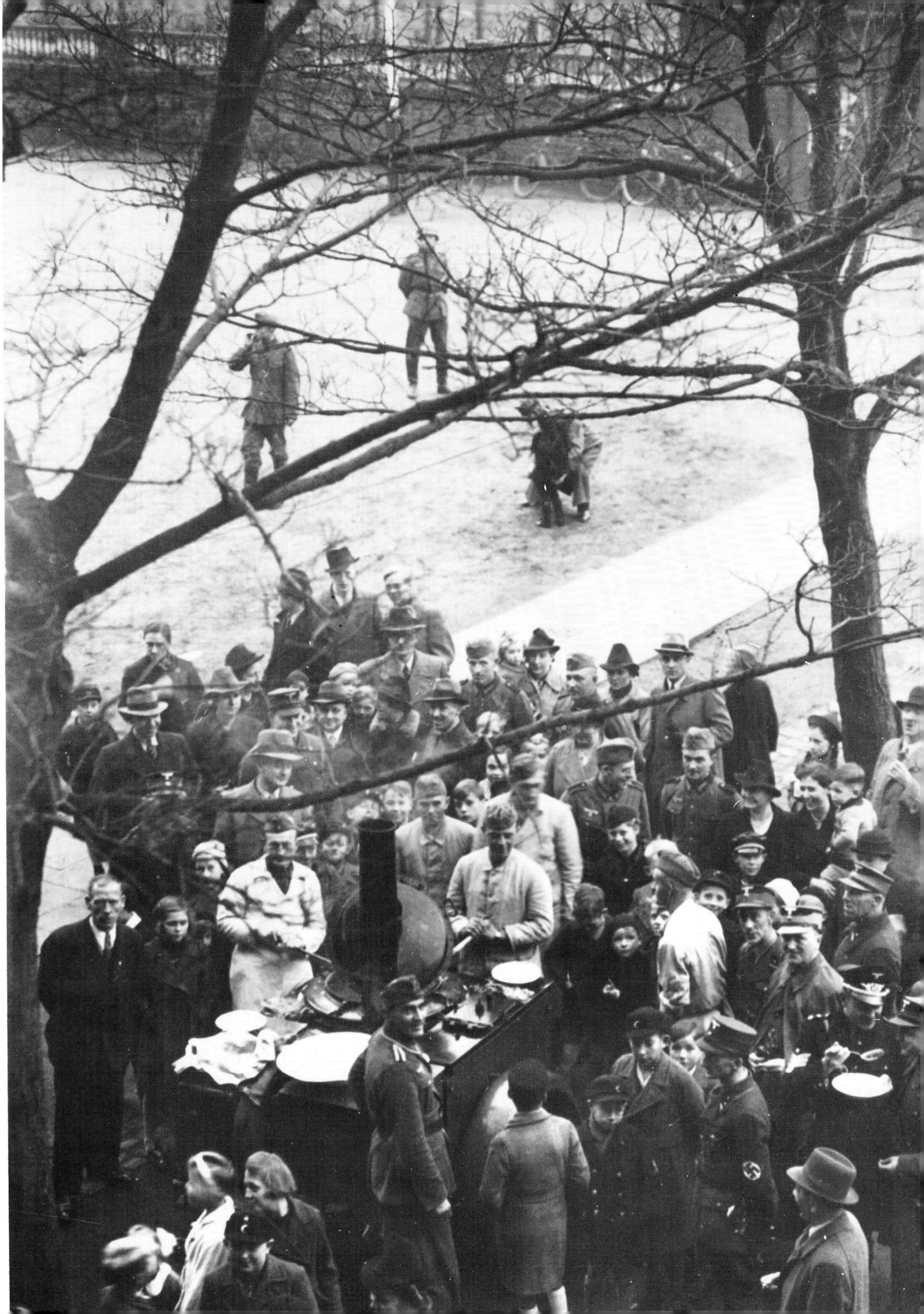

24 Die populären Figuren von Wilhelm Busch fungierten als Werbeträger für die WHW-Sammlung im Februar 1940.

25 WHW-Sammlung im April 1940.

Duisburger Briefe, die begannen: «Leider habe ich die traurige Pflicht, Ihnen mitteilen zu müssen, daß Ihr ... den Heldentod gefunden hat. Er starb als tapferer deutscher Mann in treuester Pflichterfüllung etc. etc.». Und immer häufiger trug die Post an die Angehörigen Päckchen aus, die die spärlichen Hinterlassenschaften eines Gefallenen enthielten:

«1 Beutel Rasierzeug
1 Dose Creme
1 Kamm in Hülle
1 Nagelreiniger
1 Notizbuch
1 Taschenuhr
1 Nahkampfspange Bronze
...»

Aber auch die «Heimatfront» hatte immer höhere Verluste, die Luftangriffe forderten ihre Opfer. Schon 1940 hatte man damit begonnen, wenigstens die Kinder aus der Gefahrenzone zu evakuieren. Anfang 1941 betreute die Kinderlandverschickung (KLV) 10000 Kinder in Gemeinschaftslagern in Süddeutschland und im «Reichsprotektorat» Böhmen-Mähren. 1943 wurden ganze Schulen evakuiert. 1944 sollten auch die restlichen Kinder «landverschickt» werden, nachdem einer Entscheidung des Führers zufolge die geschlossenen Schulen in den luftgefährdeten Städten nicht wieder eröffnet werden durften. Mit der «Mutter- und-Kind-Verschickung» wurden auch Kleinstkinder erfaßt. Die Resonanz in der Bevölkerung war mäßig. Viele waren nicht bereit, sich von ihren Kindern zu trennen. Sicherheit bot die Evakuierung auch nicht immer. Neun Schüler des Steinbart-Gymnasiums, das nach Bad Mergentheim evakuiert war, wurden von der SS aufgegriffen und zu Volkssturmmännern «befördert». Am 6. April 1945 sind sie im Kampf gegen die anrückenden Amerikaner gefallen. Der Jüngste zählte 14 Jahre.

Für die Zurückgebliebenen wurden die Lebensmöglichkeiten immer mehr eingeschränkt. Dabei erforderte die Kriegswirtschaft immer höhere Leistungen an der «Heimatfront».

Mit der Bestellung von Reichspropagandaminister Goebbels zum «Reichskommissar für den totalen Kriegseinsatz» wurden eine Reihe einschneidender Maßnahmen eingeführt. Durch Verordnung vom 31. August 1944 wurde die «Arbeitszeit für die gesamte Kriegswirtschaft» erhöht. «In den Betrie-

26 *Die NS-Frauenschaft verteilt eine Schuhspende an arme Kinder.*

27 *Als Dank für eine Metallspende zum Geburtstag des «Führers» am 20. April 1940 ließ Göring persönliche Urkunden ausstellen, die über den Verwendungszweck der Spende keinen Zweifel ließen.*

**Ministerpräsident Generalfeldmarschall
Göring**
Beauftragter für den Vierjahresplan
V. P. 3656

Berlin W 8, den 23. Februar 1940
Leipziger Str. 3
Fernruf: 12 70 71

Im letzten Weltkrieg ist die Erfassung von Metallgegenständen so spät eingeleitet worden, daß das Sammlungsergebnis nicht in dem erforderlichen Umfange für die Zwecke der Kriegsführung eingesetzt werden konnte. Ich ordne deshalb an, daß bereits jetzt beschleunigt alle Gegenstände aus Kupfer, Zinn, Nickel, Blei und deren Legierungen, die sich in Verwaltungs- und Unterrichtsgebäuden, Bibliotheken, staatlichen Krankenhäusern, Erholungsheimen usw. der öffentlichen Hand als deren Eigentum befinden und ohne Beeinträchtigung des Geschäftsbetriebes oder des Unterrichts entbehrt werden können, auszusondern und in einem verschließbaren Raum zur unentgeltlichen Ablieferung an die vom Reichswirtschaftsminister zu benennenden Stellen bereitzuhalten sind. Hierfür kommen in Frage:

a) Alle losen Gegenstände, wie z. B.:
Aschenbecher, Tischaufsätze, Zierstücke, Bronzen, Wandschmuck, Kannen und Kessel, Tabletts, Eß- und Trinkgeräte, sowie alle entbehrlichen Haushaltungsgegenstände aus den genannten Metallen.

b) Alle Gegenstände, die ohne Inanspruchnahme des Handwerks ausgebaut werden können und nicht ersetzt zu werden brauchen, wie z. B.:
Türschilder, -beschläge und -leisten, Haken und Konsolen, Gitter, Tore und Geländer, Figuren, Wappen und Reliefs, Verkleidungen, Wand- und Türplatten.

c) Alle nur mit Inanspruchnahme des Handwerks auszubauenden Gegenstände, soweit für sie kein Ersatz notwendig ist.

d) Ferner alle nur mit Inanspruchnahme des Handwerks auszubauenden Gegenstände, für die ein Ersatz notwendig ist, soweit dieser Ersatz beschafft werden kann. Die Ansprüche an die Ersatzbeschaffung sind niedrig zu halten.

Gegenstände von besonderem künstlerischen und historischen Wert sind hiervon ausgenommen.

Ich erwarte, daß sämtliche Behördenleiter sich persönlich nachdrücklichst für diese Metallsammlung einsetzen. Die Herren Reichsminister bitte ich, innerhalb ihres Zuständigkeitsbereichs für die Durchführung zu sorgen und sich — wenn erforderlich — mit den übrigen beteiligten Reichsministern in Verbindung zu setzen.

Weitere Richtlinien über die Durchführung erläßt der Reichswirtschaftsminister.

Göring

An
die Herren Reichsminister.

28 *Anordnung Görings zur Metallspende der Behörden 1940*

29 *Wintersachensammlung Januar 1942. Die deutschen Truppen waren für den Winterkrieg in Rußland völlig unzureichend ausgerüstet und sollten über diese Spendenaktion wenigstens mit warmer Kleidung versorgt werden.*

ben und Verwaltungen, in denen es der Arbeitsanfall und die Produktionslage bedingen, ist ab sofort die regelmäßige Arbeitszeit von 48 Stunden um 12 Überstunden wöchentlich zu erhöhen.» Ausgenommen waren gesundheitsgefährdende Arbeiten sowie Frauen und Jugendliche, deren Arbeitszeit nur um 8 Stunden erhöht wurde. Ferner war «die eigenmächtige Auflösung eines Arbeitsverhältnisses, auch im beiderseitigen Einverständnis, vorerst untersagt». Kündigungen waren vorher schon beim Arbeitsamt genehmigungspflichtig gewesen, jetzt wurden derartige Anträge gar nicht mehr entgegengenommen. Sogar Arbeitsplatzwechsel innerhalb eines Betriebes unterlagen einer Genehmigungspflicht. Lohn- und Gehaltserhöhungen durften bis zum 31. 12. 1944 nicht gewährt werden, ebenso wurde totale Urlaubssperre verhängt.

Inwieweit die 60-Stunden-Woche in der Endphase des Krieges tatsächlich noch praktiziert werden konnte, ist allerdings zweifelhaft angesichts des Ausmaßes der Zerstörungen, des Mangels an Material und Rohstoffen, der unzureichenden Versorgung mit Energie. In den Betrieben fiel der Strom aus, in den Büros waren die Telefone tot, sogar an

30 Die HJ sammelt Bücher für die Frontbüchereien.

31 Die NS-Frauenschaft packt Weihnachtspakete für die Front.

32 Die NS-Frauenschaft verpackt selbstgebackenes Backwerk für das von ihr betreute Lazarett in Bedburg bei Kleve.

Schreibpapier fehlte es. «Die meisten Angestellten sitzen nur ihre Zeit ab», heißt es im Tagebuch des DEMAG-Direktors E. E. Schulze.

Die Versorgung mit Strom, Gas und Wasser wurde schwierig, als die Bombenangriffe zunahmen und die Versorgungsleitungen immer wieder zerrissen. In den ersten Kriegsjahren war es allerdings immer noch gelungen, größere Ausfälle zu verhindern. Schon vor dem Krieg waren entsprechende Hilfstrupps gebildet worden, die zur Beseitigung von Rohr- und Kabelschäden eingesetzt wurden. 1942 gab es 24 solcher Bau- und Störtrupps, die im Bereich der Stadtwerke Bombenschäden zu beseitigen hatten.

Die Stromversorgung konnte nicht zuletzt deswegen lange aufrecht erhalten werden, weil gleich zu Beginn des Krieges ein Verbundsystem von mehreren Elektrizitätswerken eingerichtet wurde, so daß

33 Kapitänleutnant Helmut Rosenbaum, erster Kommandant des Paten-U-Bootes «Duisburg», hat im Mai 1941 Duisburg besucht

34 Die auf alle sozialen Schichten abzielende «NS-Gemeinschaft Kraft durch Freude» sollte durch staatlich gelenkte Freizeitbetreuung Harmonie vortäuschen und von der Wirklichkeit ablenken.

35 Oberbürgermeister Freytag schickt Neujahrsglückwünsche an die im Feld stehenden Angehörigen der Stadtverwaltung.

bei Ausfall der eigenen Versorgung auf auswärtige Stromerzeuger umgeschaltet werden konnte. Ähnliches wurde bei der Wasserversorgung versucht. Trotzdem konnten oft nach schweren Angriffen die Brände nicht gelöscht werden, weil die Hauptleitungen zerstört waren. Bei einem besonders schweren Angriff im Oktober 1944 wurden die Anlagen der Stadtwerke so schwer zerstört, daß die gesamte Energie- und Wasserversorgung im Stadtgebiet ausfiel. Erst nach Wochen konnte die Wasserversorgung in sehr beschränktem Umfang wieder aufgenommen werden. Die Stadt legte 200 Notbrunnen an, im Stadtkern wurden Sprengwagen eingesetzt, damit die Hausfrauen mit einem Eimer Wasser als Tagesration versorgt werden konnten. Später fiel auch diese Notlösung wegen Treibstoffmangels aus. Die Gasversorgung lag von Oktober 1944 bis Kriegsende völlig brach. Gegen En-

Nummer 13. Oktober 1941

Feldpostbrief der Duisburger Stadtverwaltung

> Aus dem Kreise der städtischen Gefolgschaft gaben ihr Leben für den Führer und Großdeutschland hin
>
> **Flieger Alfred Mater**
> Fuhrparksarbeiter
> am 26. Juli 1941
>
> **Soldat Christov Claßmann**
> Solotänzer
> am 26. Juli 1941
>
> **Leutn. Oswald v. Manger**
> Lehramtsanwärter
> am 30. Juli 1941
>
> **Gefreiter Alex Cichotzek**
> Fuhrparksarbeiter
> am 31. Juli 1941
>
> **Uffz. Wilh. Niederbremer**
> Stadtinspektor
> am 1. August 1941
>
> **Obergefr. Ferd. Baumgarten**
> Stadtinspektor-Anwärter
> am 11. August 1941
>
> **SS-Sturmmann Math. Nießen**
> Bühnenarbeiter
> am 14. August 1941
>
> **Unteroffizier Otto Thomas**
> Angest. im Büro- u. Kassendienst
> am 17. August 1941
>
> **Gefreiter Hans Roeder**
> Stadtsekretär
> am 9. September 1941
>
> **Kanonier Karl Scheepers**
> Stadtinspektor-Anwärter
> am 19. September 1941
>
> **Leutnant Karl Jansen**
> Studienrat
> am 21. September 1941
>
> **Oberkanonier Herm. Esser**
> Schreiner bei den Stadtwerken
> am 1. Oktober 1941
>
> Am 9. Juli 1941 fiel bei einem Gefecht mit feindl. Seestreitkräften der
>
> **Matrose Josef Przybilla**
> Ratsherr der Stadt Duisburg
>
> Ihr Andenken bleibt unvergessen.

36 *Die «Feldpostbriefe der Duisburger Stadtverwaltung» hielten seit Februar 1940 den Kontakt zwischen der Stadtverwaltung und den Kollegen an der Front.*

Mehr Planung im Berufsverkehr

Die Schwierigkeiten, die einer auch nur behelfsmäßigen Aufrechterhaltung des Verkehrs mit den Außenbezirken entgegenstehen, ist (!) dem einsichtigen Teil unserer Bevölkerung – und das ist die überwiegende Mehrheit – ebenso bekannt wie uns. Wir wissen, daß Autobusse weder in der gewünschten Zahl noch in der gewünschten Qualität zur Verfügung stehen, und wir wissen auch, daß wir mit Treibstoff arg knappen müssen. Aber selbst, wenn man diese Schwierigkeiten in jeder Weise berücksichtigt, dann geben sie einem noch immer keine Erklärung dafür, warum der Autobusverkehr sich nach überhaupt keinem Plan richtet. Wenn man morgens zur Haltestelle geht, dann weiß man längst noch nicht, ob der Autobus fährt, oder wenn er mal morgens gefahren ist, und man verläßt sich darauf, daß er einen etliche Stunden später wieder heimwärts bringt, dann muß man die Feststellung machen, daß er von seinem Standplatz am Depot aus die Ausdauer der wartenden Fahrgäste zu bewundern scheint. Während dessen warten aber an beiden Endhaltestellen die Fahrgäste, weil ihnen der Bescheid gegeben wurde, daß vor einer Stunde der «Bus» noch gefahren sei. Etwas Ordnung und Planung müßte doch da hereinzubringen sein, wenn man sich mehr nach dem Treibstoff als nach den Wünschen des Publikums richten muß.
Nationalzeitung vom 7. 1. 1945

---

de 1944 konnten nur Bunker und Krankenhäuser mit Strom versorgt werden. Im Februar 1945 waren die Anlagen wieder soweit instandgesetzt, daß die Stromversorgung im Umfang von 1/8 der Vorkriegskapazität wieder aufgenommen werden konnte.

Der ohnehin stark eingeschränkte Omnibusverkehr wurde im Oktober 1944 völlig eingestellt. Zur gleichen Zeit kam auch der Straßenbahnverkehr weitgehend zum Erliegen. Schon 1943 konnten beschädigte Wagen nicht mehr repariert werden. Die bei Luftangriffen beschädigten Gleisanlagen und Oberleitungen konnten nur auf Teilstrecken provisorisch wieder in Stand gesetzt werden und wurden durch weitere Angriffe immer wieder zerstört. Auch die unregelmäßige Stromversorgung machte einen halbwegs regelmäßigen Verkehr unmöglich. Ende März 1945 wurde der gesamte Betrieb stillgelegt.

Ein Erlaß des Reichsverkehrsministers vom Januar 1945 über «Das Mitfahren in Kraftfahrzeugen»

Ausfall aller Schnell- und Eilzüge

Vom Dienstag, dem 23. Januar 1945 ab, wird der öffentliche Schnell- und Eilzugverkehr eingestellt. Schnellwagen verkehren letztmalig in der Nacht vom 22. zum 23. Januar. Zur Bedienung des dringendsten kriegswichtigen Dienstverkehrs werden wenige Dienst-D-Züge gefahren werden, die jedoch nur gegen die Bescheinigung einer Reichsbahndirektion benutzt werden können. Diese Bescheinigung wird nur erteilt, wenn durch eine Bescheinigung der Behörden oder Parteidienststellen nachgewiesen wird, daß es sich um eine Dienstreise im dringendsten Reichsinteresse handelt. Geschäftsreisen können im beschränkten Umfang erst vom 26. Januar 1945 ab zugelassen werden. Es wird noch bekanntgegeben, welche Voraussetzungen hierbei erfüllt sein müssen. Alle bisherigen Bescheinigungen sind ungültig. Ohne Bescheinigung der Reichsbahndirektion dürfen nur noch benutzt werden Personenzüge auf Entfernungen bis 75 km vom Wohn- und Arbeitsort aus und zurück. Außerdem sind bescheinigungsfrei zugelassene Reisen auf Wehrmachtsfahrschein und auf Einberufungsbefehl der Wehrmacht, des Arbeitsdienstes und der Hitler-Jugend sowie nach und vom Ausland mit durchgehendem Fahrausweis. Monats- und Wochenkarten werden nur noch für Personenzüge und auf Entfernungen bis 75 km ausgegeben. Netz- und Bezirkskarten haben keine Gültigkeit, auch nicht für Reisen in Personenzügen bis 75 km...

Nationalzeitung 21.1.1945

konnte kaum zur Minderung des Verkehrsproblems beitragen. Danach lag es «im Sinne der Volksgemeinschaft, auf zulässigen Fahrten Freiplätze und Lagerraum anderen Volksgenossen zur Verfügung zu stellen». Da es kaum noch Wagen und so gut wie gar keinen Treibstoff mehr gab, konnte ein solcher Rat nur noch als schlechter Scherz aufgefaßt werden.

Bei der Reichsbahn war die Lage kaum besser. Seit dem 17. Juli 1944 galt die Verordnung, daß Fahrten

37 *Eintragung im Goldenen Buch der Stadt.*
38 *Eintragung im Opferbuch*

Der Standortälteste Duisburg
(Wehrbezirkskommando)

Duisburg, 17. Februar 1941
Oststraße 26 / Fernsprecher 3 08 51

Einladung.

Zu der am Freitag, dem 21. Februar 1941, 11 Uhr, im Mercator-Palast, Duisburg, Königstraße 41, stattfindenden Festaufführung des 1. Kriegsfilms des Oberkommandos des Heeres:

„Sieg im Westen"

gestatte ich mir, Sie ergebenst einzuladen. Ich würde mich freuen, Sie bei der Feier begrüßen zu dürfen. Eine Eintrittskarte füge ich bei. Im Verhinderungsfalle darf ich um Rückgabe der Karte bitten.

Heil Hitler!
Der Standortälteste

Oberstleutnant

39 *Der Kriegsfilm «Sieg im Westen» sollte die Bevölkerung von der Überlegenheit der deutschen Waffen überzeugen. Er scheint in der Tat die Zeitgenossen beeindruckt zu haben. Wehrmachtsschauen, auf denen erbeutete Waffen und abgeschossene Flugzeuge gezeigt wurden, bildeten die Ergänzung.*

40 *Die geplante große Binnenschiffahrtsschau 1942 mußte, als der Plakatentwurf bereits fertig war, wegen des Krieges abgesagt werden.*

über mehr als 75 Kilometer einer besonderen Genehmigung bedürften, was in der Praxis bedeutete, daß sie kaum noch möglich waren. Der D- und Eilzugverkehr fiel zunächst Sonntags, dann auch Mittwochs aus, «um Personal und Betriebsmittel für den kriegswichtigen Güter- und Nachschubverkehr freizumachen». Nach dem Luftangriff vom 14./15. Oktober 1944 – dem Tagesangriff von 1063 britischen Bombern und dem darauffolgenden Nachtangriff von 1005 Lancaster-, Halifax- und Mosquito-Maschinen – waren die Betriebsanlagen des Hauptbahnhofs so schwer beschädigt, daß ein geregelter Durchgangsverkehr kaum noch möglich war. Während man sich zunächst noch damit hatte helfen können, daß man versuchte, beschädigte Streckenabschnitte durch Umleitungen zu umgehen, so wurde dies nach der systematischen Bombardierung der Bahnanlagen zu einem ziemlich hoffnungslosen Unterfangen. Zudem drohte bei Tag immer der Beschuß durch Tiefflieger, bei Nacht verursachte die notwendige Verdunklung entsprechende Schwierigkeiten. Dabei kam natürlich dem Transport kriegswichtiger Güter immer der absolute Vorrang zu. Eine Bekanntmachung über die noch zulässigen Fahrten trug die Überschrift: «Persönliche Gründe gibt es nicht!» Anfang März 1945 wurden der Duisburger Hauptbahnhof und alle Betriebsämter von der Reichsbahndirektion Essen stillgelegt.

Ebenso wurde der Postverkehr immer mehr eingeschränkt. Schon Ende 1943 klagte der Oberbürgermeister darüber, daß Briefe an den Regierungspräsidenten in Düsseldorf bis zu 27 Tagen unterwegs seien. Ein postunabhängiger Kurierdienst, der dreimal in der Woche nach Düsseldorf und anderen Städten ging, sollte wenigstens für die Verwaltung Abhilfe schaffen.

Im August 1944 ergingen einschneidende Maßnahmen «zur Angleichung unseres öffentlichen Lebens an die Erfordernisse des totalen Kriegs». Die Bearbeitung von Drucksachen, Warenproben, Päckchen wurde eingestellt, die Briefkastenleerung reduziert. Paketsendungen wurden nicht mehr ausgetragen. Alle nicht kriegswichtigen privaten Fernsprechanschlüsse wurden stillgelegt.

Als besonderer Service wurden als «Lebenszeichen» deklarierte, kostenlose Sonderpostkarten ausgegeben, mit denen Bombengeschädigte ihre Angehörigen über Art und Umfang des Betroffenseins informieren konnten. Die Zustellung stieß allerdings zunehmend auf Schwierigkeiten, da ganze Straßenzüge praktisch nicht mehr existierten und die Adressaten in Notunterkünften, Kellern und Bunkern hausten.

Das gravierendste Problem war die Lebensmittelversorgung. Die letzte Kürzung der Rationen wurde noch im April 1945 verhängt, als eine Untersuchung des Reichsernährungsministeriums eine «katastrophale Lage auf dem Ernährungssektor» konstatiert hatte. Die Konsequenz war die Forderung nach einer Kürzung der Rationen um 35 % ab 9. April, «bei der die Wehrmacht eben noch kampffähig bleiben wird, die Zivilbevölkerung aber zu ih-

41 *Eintragung im Goldenen Buch der Stadt*

42 *Sonderpostkarte für Bombengeschädigte. Am 14./15. Oktober sind in wenigen Stunden mehr als 56 000 Menschen obdachlos geworden.*

Für Führer, Volk und Vaterland starb den Heldentod

am 13. August 1944

der Maschinengefreite

Wilhelm Pohl

Im Auftrage des Oberbefehlshabers der Kriegsmarine ist darüber diese Urkunde ausgestellt worden.

Buxtehude, den 2. Januar 1945

Kapitän zur See
Der Chef des Stabes des 2. Admirals der Nordsee

43 *Der Bedarf an solchen Urkunden wuchs, je länger der «Endsieg» auf sich warten ließ.*

Die Verzögerungen im Postverkehr
Wir haben uns jetzt, so wird uns von der Reichspost geschrieben, daran gewöhnen müssen, daß ein Brief aus einem andern Reichsteil manchmal eine Woche und länger braucht, bis er uns erreicht, daß selbst im Ortsverkehr erhebliche Verzögerungen eintreten. Die Folge ist, man schimpft auf die Post und beschwert sich. Ganz zu unrecht! Denn trotz aller Schwierigkeiten setzt die Reichspost alles daran, um ihren Dienst aufrecht zu erhalten, und sie ist sich insbesondere voll und ganz der Bedeutung bewußt, die im Zeichen des Bombenterrors auch dem privaten Nachrichtenaustausch zukommt, der heute einzig und allein auf die Briefpost angewiesen ist. Die Verzögerungen im Post-

rem größten Teil nicht mehr voll arbeitsfähig sein wird.»
Die Versorgungslage war wohl auch die Ursache für die in Duisburg wie in anderen Städten auftretende Bildung von Fremdarbeiterbanden. Die berüchtigtste war die des Ostarbeiters Kowalenko. Der hatte im November 1944 bei einer Kontrolle des Fremdarbeiterlagers einen Werkswächter erschossen. Bei der Fahndung wurden im Dezember und Januar noch zwei Polizisten erschossen. Bis Ende Januar wurden mehr als 100 Mitglieder der Bande gefaßt. 65 von ihnen wurden «schwerer Straftaten überführt». 60 Eisenbahnberaubungen und 100 Kellereinbrüche wurden ihnen zur Last gelegt. Im Februar 1945 wurden 22 von ihnen erschossen, Kowalenko und ein Mittäter an der Stelle, wo sie den Werkswächter niedergeschossen hatten, «durch den Strang hingerichtet».
Die Exekutionen beruhten nicht auf Urteilen ordentlicher Gerichte, sondern auf einer Anordnung «über die Durchführung der Strafrechtspflege gegen Polen und Angehörige der Ostvölker», die vom Reichsführer SS auf Grund einer Vereinbarung mit dem Reichsjustizminister erlassen worden war. Danach durften Straftaten von Ostarbeitern nicht vor ordentlichen Gerichten verhandelt werden, sondern waren von Dienststellen der Gestapo

dienst haben die verschiedensten Ursachen. Man denke an die Einschränkung des Zugverkehrs, die dadurch beschränkte Beförderungsmöglichkeit der Bahnpostwagen, die Zugverspätungen, plötzliche Umleitung von Zügen, verpaßte Anschlüsse, Alarme und Tieffliegerangriffe, Personalschwierigkeiten, um zu erkennen, daß allein der Reiseweg der Briefsendungen einem Hindernislauf vergleichbar ist. Weitere Verzögerungen können sich insbesondere nach größeren Terrorangriffen ergeben. Man stelle sich vor, daß die täglichen Millionen-Durchgänge eines Großpostamtes jetzt unter wesentlich primitiveren Verhältnissen verteilt und bearbeitet werden müssen, ohne jeden Mechanismus, daß die tausende Postbeutel des täglichen Eingangs nicht mehr mechanisch ihren Weg nehmen, sondern auf dem Rücken herumgeschleppt werden müssen, daß die Bahnpostwagen zeitweilig das Stadtgebiet überhaupt nicht erreichen und schon weit draußen umgeladen werden müssen, daß möglicherweise vorübergehend auch Postkraftwagen ausfallen oder Straßenbahnen, deren sich die Post bedient, daß Verkehrswege in den Städten unpassierbar geworden sind, daß wesentliche Teile des Personals wegen eigener Bombenschäden ausfallen, daß die Empfänger der Sendungen ausgebombt sind, daß die Arbeit durch Stromabschaltung unterbrochen wird, durch Alarme usw. ...

Duisburger Generalanzeiger vom 2.3.1945

im Verwaltungsverfahren zu erledigen. Rechtsmittel oder Gnadenweg waren nicht vorgesehen: Der untergehende NS-Staat ging brutal gegen jede Auflehnung der Zwangsverschleppten vor.
In den Wirren der Endphase des Krieges und der ersten Besatzungszeit ist es, wohl vor allem infolge der katastrophalen Ernährungs- und Versorgungslage, noch mehrfach zu Plünderungen und Mordtaten von umherziehenden Fremdarbeiterbanden gekommen, die sich dem Abtransport entzogen hatten. Fremdarbeiter und andere «displaced persons» stellten noch lange nach dem Krieg ein schwer lösbares Problem dar.

44 *Zerstörtes Straßenbahndepot. Schon 1943 konnten beschädigte Wagen nicht mehr repariert, zerstörte nicht ersetzt werden.*

Kulturelles Leben

In der ersten Zeit des Krieges mußte der Opernbetrieb wie vieles andere aus Luftschutzgründen eingeschränkt werden. Erst im November 1940 standen wieder 1400 Zuschauerplätze zur Verfügung. Durch Einberufungen zur Wehrmacht wurde das Ensemble merklich ausgedünnt. Bombennächte und die Unterbrechung der Tagesarbeit durch Luftalarme brachten erhebliche Erschwerungen. Dennoch blieben die künstlerischen Leistungen auf dem gewohnten Niveau. «Der immer weiter fortschreitende Krieg versetzte uns in eine Art von somnambulen Zustand. Die an uns gestellten Anforderungen wurden immer höher. Immer mehr Einberufungen zur Wehrmacht rissen Lücken in die Reihen des Ensembles. Mit doppeltem und dreifachem Eifer ermöglichten jedoch die Zurückgebliebenen trotz allen drückenden Leides, oder vielleicht gerade deswegen, eine Reihe von Aufführungen, über deren hohes Niveau man heute bei der Rückerinnerung ungläubig den Kopf schüttelt», erinnert sich der Kapellmeister Richard Hillenbrand.

Im Winter 1939/40 wurde der Plan erörtert, aus Ersparnisgründen eine engere Theatergemeinschaft mit Essen einzurichten, wobei Duisburg die Oper hätte einbringen sollen. Gauleiter Terboven, der beide Städte in Oper und Schauspiel selbständig sehen wollte, beendete die Diskussion. Ersparnis brachte dafür die Schließung des Hamborner Theaters, dessen schlechter Besuch den Aufwand nicht mehr lohnte. Das Gebäude wurde in ein Lager für französische Kriegsgefangene umgewandelt.

Im Sinne eines Kulturaustausches mit befreundeten Nationen pflegte Generalintendant Georg Hartmann vor allem mit Verdi die italienische und daneben – bis 1941 – auch die russische Oper. Italienische Solisten gastierten auf der Duisburger Bühne, mehrmals bestritt das Solistenpersonal der Königlichen Opern von Florenz und Rom ganze Aufführungen. Rossini, Puccini, Donizetti standen auf dem Programm. Im Gegenzug inszenierte Hartmann Opern in Rom und Barcelona.

Am 21. und 22. Januar 1941 fanden in der «Stadsschouwburg» Amsterdam und in Den Haag Gastspiele der Duisburger Oper mit «Lohengrin» statt, mit solchem Erfolg, daß sie eine Woche später in beiden Städten wiederholt werden mußten. Im Oktober des gleichen Jahres folgte die Operette «Eine

45 *Die Oper wurde am 20. 12. 1942 zwischen 19.10 Uhr und 20.45 Uhr kurz nach Ende der Vorstellung mit Bomben belegt und brannte völlig aus.*

War schon die Zerstörung der Tonhalle im Herbst 1942 ein schlimmes Omen (hier konnten wir wenigstens die Instrumente und das Konzertmaterial retten), so traf uns die Vernichtung unseres Theaters am 20. Dezember 1942 ins Mark. An diesem Sonntag vor Weihnachten sollte die «Tannhäuser»-Aufführung um 17 Uhr beginnen. Auf der letzten Regiesitzung vorher wurde beschlossen, die Vorstellung schon um 16 Uhr anfangen zu lassen, damit bei dem abends zu erwartenden Alarm das Haus geleert sei. Das war unser Glück, sonst hätten die Bomben mitten in die Vorstellung eingeschlagen. Viele befanden sich noch auf dem Nachhausewege, als die Sirene aufheulte. Bald war die ganze Stadtmitte ringsum von roten Leuchtkugeln abgegrenzt. Nach einer halben Stunde war die ganze Gegend um das Theater in Feuer und Rauch gehüllt. Das Theater war eine lichterloh flammende Hölle. Es galt, zu retten, was zu retten war. Glücklicherweise konnte wenigstens das Notenmaterial mit Waschkörben geborgen werden. Der gesamte kostbare Kostümfundus verbrannte wie Zunder. Warum dieser nicht wie bei anderen Bühnen rechtzeitig in Sicherheit gebracht war, warum nicht das vor dem Theater angelegte Wasserreservoir sofort zum Löschen benutzt werden konnte, warum das Theater nicht sogleich wieder, wie etwa in Düsseldorf instandgesetzt wurde, – die Klärung dieser Fragen ist nunmehr überflüssig. *«Das Spiel war aus!»*

Aus den Erinnerungen des Kapellmeisters R. Hillenbrand.

Nacht in Venedig» in Den Haag, Amsterdam und Utrecht.

Der 20. Dezember 1942 setzte dem glanzvollen Erfolg ein jähes Ende. Zwischen 19.20 Uhr und 20.45 Uhr, wenig nach der aus Luftschutzgründen vorverlegten Aufführung, sank das Theater unter englischen Bomben in Schutt und Asche. Der kaum ersetzbare Fundus von 25 000 Kostümen verbrannte fast völlig, ebenso wurden alle Kulissen vernichtet, desgleichen eine gerade im Foyer gezeigte Pfitzner-Ausstellung. Für das heimatlos gewordene Personal folgte eine Zeit der Improvisation. Der Plan einer großen Theaterbaracke an der Düsseldorfer Straße blieb unausgeführt. Als Ersatz mußten die Rheinhausener Stadthalle, das Hamborner Thyssenkasino, das Mercator-Kino herhalten. Eine Neuinszenierung des «Fidelio» in der Mülheimer Stadthalle brachte einen neuen Höhepunkt. Im Juni 1943 fiel auch dieses Haus den Bomben zum Opfer.

Es blieb nur noch die Evakuierung. Baden-Baden und Worms waren im Gespräch. Das Propagandaministerium ordnete schließlich die Übersiedlung nach Prag an, die «Hauptstadt des Reichsluftschutzkellers», wie die Stadt bissigerweise genannt wurde. Für eine Spielzeit bildete der Glanz der alten Kulturstadt den Hintergrund für das Duisburger Theater. Ende November wurde im Deutschen

46 *Der Bühnenraum der Oper zeigte ein Bild der totalen Zerstörung.*

STÄDTISCHE MUSIKVERANSTALTUNGEN
DUISBURG 1939/40

SONNTAG, DEN 25. FEBRUAR 1940, 17 UHR
STÄDTISCHE TONHALLE

GROSSES SONDERKONZERT
DER
WIENER PHILHARMONIKER

UNTER LEITUNG VON
GENERALMUSIKDIREKTOR PROFESSOR HANS KNAPPERTSBUSCH

ES WIRD HÖFLICHST GEBETEN, BEIM ERSTEN KLINGELZEICHEN PLATZ NEHMEN ZU WOLLEN
PROGRAMMPREIS 10 PFG.

47 *Solange noch geeignete Säle für Konzertveranstaltungen zur Verfügung standen, konnten Musiker von hohem Rang zu Gastveranstaltungen gewonnen werden.*

48 *Des 150. Todestages Mozarts wurde ungeachtet der kriegsbedingten Einschränkungen mit einer Festwoche gedacht.*

DUISBURGER OPER

Vom 30. November bis 7. Dezember 1941
findet im Duisburger Opernhaus eine

MOZART-FESTWOCHE

statt, zum Gedenken des 150. Todestages
von Wolfgang Amadeus Mozart (5. Dezember 1941)

*

Theater und im Ständetheater am Wenzelsplatz die künstlerische Arbeit wiederaufgenommen. 12 Titel wurden noch geboten. Resonanz bei der tschechischen Bevölkerung fanden sie allerding nicht. Die Prager besuchten ihre eigenen acht Theater, die Vorstellungen des Duisburger Ensembles überließen sie den Angehörigen der Besatzung.
Im Juli 1944 dirigierte Hillenbrand «Cavalleria rusticana» und «Der Bajazzo» als letzte Vorstellung. Rossinis «Barbier» wurde noch vorbereitet, die Generalprobe fand schon nicht mehr statt. Das Theaterpersonal wurde zu militärischen Dienstleistungen herangezogen, viele gelangten noch an die immer näher rückende Front. «Was folgte, war Zusammenbruch, Auflösung, Flucht und Gefangenschaft», schreibt Hillenbrand in seinen Erinnerungen. Im Oktober wurden noch Noten, Instrumente und Fundus nach Thüringen gebracht.
Das gleiche Schicksal wie das Theater hatte schon einige Monate zuvor das Konzertleben getroffen. In der Nacht zum 7. September 1942 wurde die Tonhalle durch einen Luftangriff zerstört. Zum Glück waren die wertvollen Notenbestände des Orchesters zuvor in Sicherheit gebracht und vor der Vernichtung bewahrt worden. Die Konzertaufführungen fanden vorerst in der Oper statt, bis auch diese zerstört wurde. Dann benutzte man das Mercator-Kino, wo unter Leitung von Professor Erb noch Aufführungen stattfinden konnten, bis auch dieser Saal am 13. Mai 1943 den Bomben zum

«Wir waren mehr und mehr auf Alarme eingefuchst. Fast war es schon normal, daß unsere Vorstellungen durch das Geheul der Sirenen unterbrochen wurden und das Publikum mit uns in die unten im Keller gelegenen Luftschutzkeller hinabstieg. Als letzte Vorstellung gab es «Tannhäuser» vor ausverkauftem Haus. Kaum hatten die Zuschauer das Theater verlassen, gab es wieder Alarm, und wenige Minuten später waren auch schon die ersten Flieger da und ließen Brand- und Sprengbomben auf das Haus niederprasseln. Ich selbst war Luftschutzleiter und hatte an diesem Tage die Wache. Bei der Meldung, daß auf der Diele einzelne Brände entstanden seien, eilte ich nach oben und stellte fest, daß der Eiserne Vorhang schon total zerstört war. Die Bühne selbst brannte an allen Ecken. Ich wollte das Regenrohrsystem anstellen, aber es kam kein Wasser mehr, da die Hauptleitung zerstört war. Dennoch entstand keine Panik. Als ich noch dabei war, mit der Handspritze einen Brand in der Obermaschinerie zu löschen, ging in der Moselstraße eine Mine nieder, die die Tischlerei und den Westflügel vernichtete. Trotz aller Versuche, der Brände Herr zu werden, mußte ich zusehen, wie unsere jahrelange Arbeit in Flammen aufging. Zu retten war nicht mehr viel. Zuschauerraum und Bühnenhaus sowie die Magazine brannten vollständig aus. Das war das Ende der Duisburger Oper.»

Aus den Erinnerungen des Theateringenieurs August Rudolph

49 *Die Salvatorkirche am 13. Mai 1943. Im April war hier noch die Matthäus-Passion aufgeführt worden.*

Opfer fiel, zusammen mit der Salvatorkirche, wo zuvor noch die Matthäus-Passion aufgeführt worden war. Im folgenden Jahr gelangte dasselbe Werk nochmals zur Aufführung, diesmal in der Josefskirche. Generalmusikdirektor Volkmann, der nicht mit nach Prag gegangen war, hatte die Lücken durch auswärtige Künstler schließen können. Wenige Wochen später brannte auch die Josefskirche aus.
Am 1. Oktober 1944 mußte auch das ebenfalls von Volkmann geleitete Konservatorium schließen. 14 Tage später wurde das Böninger-Schlößchen, in dem es untergebracht war, bombardiert.
Zu Beginn des Krieges war angeordnet worden, den Besitz der Museen gegen Luftangriffe zu sichern. Nach einigen Wochen durften jedoch die regelmäßigen Ausstellungen schon wieder stattfinden, da die Westgrenze ruhig blieb. Erst 1942 wurde unter dem Eindruck der zunehmenden Luftangriffe die bombensichere Unterbringung durchgeführt. Dadurch ist trotz der Zerstörung des Museums in der Nacht zum 23. Februar 1945 der Be-

50 Die Kleinkunstbühne bot ein Varieté-programm

51 Im Herbst 1939 wurden Lehrer und Schüler zum Bau von Luftschutzräumen herangezogen, hier beim Steinbartgymnasium.

stand zu 75 % erhalten geblieben, insbesondere auch fast alle Originalwerke von Wilhelm Lehmbruck.
Demgegenüber wurde die Stadtbücherei sehr viel schwerer heimgesucht. Noch in der ersten Kriegszeit hatte sie mehrere neue Zweigstellen eröffnet. Am 20. Dezember 1942, dem Tag, als das Theater abbrannte, wurde auch die Hauptstelle der Bibliothek im Gebäude am Kuhtor mit dem gesamten Buchbestand vernichtet. Nachdem im Gebäude des Niederrheinischen Museums ein neuer Bestand aufgebaut worden war, wurde auch dieses neue Domizil am 22. Februar 1945 getroffen. Zusammen mit den Verlusten mehrerer Zweigstellen gingen auf diese Weise 150 000 Bände und eine Reihe wertvoller Handschriften verloren. Das Archiv hingegen hat im Keller des Rathauses den Krieg fast ohne Schaden überstanden.
Die Schulen waren mit Kriegsbeginn erst einmal geschlossen worden. Viele Schulgebäude wurden vorerst für die Mobilmachung in Anspruch genom-

URAUFFÜHRUNG
des Ufa-Films
„Zwischen Himmel und Erde"
am Donnerstag, dem 26. März 1942,
14,30 Uhr,
im Mercator-Palast Duisburg
in Anwesenheit von
Produktionsleiter Erich Holder
Spielleiter Harald Braun
Darsteller Wolfgang Lukschy

*

PROGRAMMFOLGE
1. Erdbeben und Vulkane   Kulturfilm
2. Die neueste Deutsche Wochenschau
3. Prolog aus „Bajazzo"   Fritz Schroeder
    Am Flügel: Dr. Schramek   Städt. Oper Duisburg
4. „Zwischen Himmel und Erde"   Ufa

52 *«Zwischen Himmel und Erde» wurde von der reichseigenen Ufa nach einer Novelle von Otto Ludwig gedreht. Schauplatz: Xanten und der Niederrhein.*

53 *Bunkerbau im Schulhof*

54 *Bei einem Luftangriff beschädigte Schule in Beeck. Von den 129 Duisburger Schulen blieb nicht eine unbeschädigt.*

55 *Eine von 74 zerstörten Schulen*

men. Dann ging man dazu über, auf dem Schulgelände Luftschutzräume zu errichten. Hunderte von Lehrern und Schülern mußten beim Ausbau von Erdbunkern und Luftschutzkellern mitarbeiten. Da aber die Westgrenze ruhig blieb und auch von Flugzeugen außer Flugblättern nichts zu befürchten schien, wurde der Schulbetrieb am 18. September wieder aufgenommen.
Die ersten Luftangriffe vom Mai 1940 änderten nicht viel an der Lage, da sie vorzugsweise nachts stattfanden. Mit der Zeit summierten sich jedoch die Schäden an den Gebäuden. Außerdem nahm seit 1941 die Zahl der Schüler ständig ab, als Folge von Evakuierung und Kinderlandverschickung.

Seit 1942 mußten Klassen zusammengelegt werden. Nach den schweren Angriffen im Mai 1943 ordnete der Reichsverteidigungskommissar am 13. Mai die Schließung sämtlicher allgemeinbildenden Duisburger Schulen an. Die große Welle der Verlagerung der Schulen nach Süddeutschland und Böhmen und Mähren begann. Am Ende waren 30 000 Schüler in KLV-Lagern untergebracht, weitere 6000 privat evakuiert. Zurückbleiben sollte nur, wer durch ärztliches Attest als «nicht lagerfähig» anerkannt und wer als Luftwaffenhelfer eingesetzt war. Nur diese durften weiterhin «beschult» werden. Wer ohne solche Begründung zurückblieb – es waren etliche Tausend –, blieb ohne Unterricht, da auch klassenweiser Privatunterricht verboten war. Für einige bot sich allerdings die Möglichkeit, Schulen in Nachbarstädten zu besuchen, wo das Verbot nicht galt.

Mit Erlaß vom 1. September 1944 «betr. totaler Kriegseinsatz» des Reichsministers für Wissenschaft, Erziehung und Volksbildung (Goebbels) mußten auch Haushaltungs-, Handels-, Berufsfach-, Landwirtschafts- und Musikschulen usw. geschlossen werden. Davon war auch das Konservatorium betroffen. Die freigesetzten Lehrer und Schüler wurden in der Rüstungsindustrie eingesetzt oder «für andere, unmittelbar kriegswichtige Aufgaben bereitgestellt».

Am Ende des Krieges waren von 129 Schulen 74 völlig zerstört oder so schwer beschädigt, daß sie nicht benutzt werden konnten. Unbeschädigt war keine geblieben. Ein Jahr nach Kriegsende waren von 2 256 Klassenräumen nur 590 wieder benutzbar. Die Rückführung der landverschickten Kinder aus Süddeutschland, Thüringen und der Tschechoslowakei zog sich noch bis Juli 1945 hin.

Die Festung Europa hat kein Dach

Als am 3. September 1939 die Hoffnung auf ein Stillhalten der Westmächte sich als Illusion erwies, war man sich in Duisburg bewußt, daß für die Stadt besondere Luftgefahr bestand. Ihre Stellung als die am meisten nach Westen vorgelagerte Industriestadt des Ruhrgebietes, die ein Drittel der Eisen- und Stahlproduktion des Altreiches lieferte, ihre Bedeutung als Verkehrsknotenpunkt und Binnenhafen, der für die Versorgung des Rhein-Ruhr-Raumes und für den Umschlag der Güterproduktion des Industriegebietes von entscheidender Bedeutung war, machte die Stadt zu einem besonders lohnenden Ziel für Luftangriffe.

Daher war eine Forcierung der aktiven und passiven Luftabwehr eine der ersten Maßnahmen, ungeachtet der zweckoptimistischen Behauptung des Oberbefehlshabers der Luftwaffe, Hermann Göring, wonach Jäger, Flak und Ballonsperren am Westwall dafür sorgten, daß die Bevölkerung ruhig schlafen könne, und daß er «Maier» heißen wolle, wenn auch nur ein Flugzeug in den deutschen Luftraum eindringe.

60 leichte und eine Reihe schwerer Flakbatterien bezogen auf Duisburger Gebiet Stellung, die meisten entlang der Rheinfront. Später wurden insbesondere die schweren Batterien noch erheblich verstärkt, so besonders in der Wedau und auf dem Schlackenberg in Meiderich. In den Zeitungen las man neben Artikeln über den «Kamerad Bezugsschein» auch solche über «Verhaltensmaßnahmen bei Fliegeralarm», «Wie verhalte ich mich bei Luftangriffen» und «Göring ruft den zivilen Luftschutz». Verdunklung gehörte bald zum Repertoire der täglichen Gewohnheiten. In den Schulen mühten sich Lehrer und Schüler mit vereinten Kräften beim Bau von Luftschutzräumen.

Als nach einigen Wochen der Krieg gegen Polen zu Ende war, ohne daß die Westmächte eingegriffen hätten, kam das alles vielen ziemlich überflüssig vor. Im ersten halben Jahr des Krieges war die Lufttätigkeit über Duisburg kaum der Rede wert. Bomben fielen nicht. Das änderte sich jedoch mit Beginn des Westfeldzuges am 10. Mai 1940, dem gleichen Tag, an dem Churchill in London das Amt des Premierministers übernahm. An diesem Tag trat der Luftkrieg in seine zweite Phase, in der nicht mehr nur militärische Ziele, sondern auch deutsche Städte systematisch bombardiert wurden. Schon in der darauffolgenden Nacht zum 11. Mai gab es Alarm, als 18 englische Bomber Angriffe auf westdeutsche Städte flogen. Duisburg war zwar nicht betroffen, aber in Mönchen-Gladbach gab es vier Tote. Als Folge mußten im Westen des Landes

56 *Splitterschäden an der Reichsbanknebenstelle in Ruhrort. Im Juni 1940 hielt man es noch für nötig, derartige Schäden dokumentarisch festzuhalten.*

57 *Beim gleichen Angriff auf Ruhrort am 20./21. Juni 1940 gab es die ersten größeren Schäden im Bereich der katholischen Kirche ...*

58 *... sowie in der Schiffswerft und Maschinenfabrik an der Homberger Straße*

in den zoologischen Gärten die gefährlichen Raubtiere vorsorglich getötet werden. Tanzveranstaltungen wurden verboten.

Zwei Tage später erlebte auch Duisburg seinen ersten Angriff. Die Kupferhütte wurde von 8 Bomben getroffen, von denen allerdings drei Blindgänger waren. Die Schäden waren geringfügig. Getötet wurde niemand. Der Luftschutzbericht gab gleichwohl mit einiger Aufgeregtheit eine ausführliche Beschreibung der Schäden mitsamt einem genauen Lageplan, in dem die Einschlagstelle einer jeden Bombe sorgfältig eingezeichnet war. Ganz so viel Mühe hat man sich bei den noch folgenden 298 Angriffen nicht mehr machen können, als bis zu 12000 Spreng- und sechsstellige Zahlen an Brandbomben an einem Tag abgeworfen wurden.

Auch die Angriffe der folgenden Nächte, bei denen es die ersten Toten gab, gingen gleichwohl relativ glimpflich ab. Der siegreiche Feldzug gegen Frankreich ließ manchen hoffen, daß auch England bald einlenken würde. Immerhin hat es bis zur Kapitulation Frankreichs bereits 19 Angriffe auf Duisburg gegeben.

Während des Kampfes um die Luftherrschaft über England nahm die Auseinandersetzung an Härte zu. Auch in England starben Zivilisten unter Bomben. Am 4. September 1940, bei der Eröffnung des Winterhilfswerks, drohte Hitler: «Und wenn sie erklären, sie werden unsere Städte in großem Ausmaße angreifen – wir werden ihre Städte ausradieren.» Am 14. November 1940 wurde die englische Industriestadt Coventry, das «englische Essen», ausradiert oder «coventriert», wie man von nun an sagte. Bis zum Jahresende waren auf England über 36000 Tonnen Bomben gefallen, auf Deutschland über 14000 Tonnen. Duisburg erlebte bei 153 Alarmen 57 Angriffe, bei denen 609 Sprengbomben und über 1000 Brandbomben fielen. 38 Menschen kamen ums Leben.

59 *Seit der Jahreswende 1940/41 begann man angesichts der zunehmenden Schlagkraft der englischen Bomberflotten in größerem Umfang mit dem Bau von Großbunkern. Der Hochbunker an der Ecke Universitätsstraße/Steinsche Gasse wurde im März auf dem Gelände des ehemaligen Böninger-Lagerhauses errichtet. Er steht noch heute.*

Steinsche Gasse

60 *Der Bunker am Dellplatz entstand im Mai 1941.*

Bereits im folgenden Jahr veränderte sich das Verhältnis zu ungunsten Deutschlands, da die Luftschlacht über England verloren ging, während gleichzeitig die Kriegshilfe der USA an England zunahm und die neu eröffnete Ostfront einen Großteil der Luftwaffe absorbierte. Während auf England jetzt nur noch 21 000 Tonnen Bomben fielen, waren es in Deutschland schon 35 000 Tonnen. Duisburg wurde von 799 Spreng- und 6600 Brandbomben getroffen.

Angesichts dieser Veränderung der Lage begann man in den Städten des Niederrheins und des Industriegebiets an Rhein und Ruhr mit dem Bau massiver Bunker, auf Befehl des Führers und unter Leitung der Organisation Todt. Im Dezember 1940 wurde von einem an der Maginot-Linie stationierten Baubataillon eine Festungspioniergruppe nach Duisburg abkommandiert, die bis April 1941 in der Stadt blieb und in dieser Zeit 18 Bunkergroßbauten errichtete – zumeist als Hochbunker, wie sie z. T. jetzt noch in der Stadt zu sehen sind. Daneben wurden über 5000 Keller ausgebaut. Bis Kriegsende kamen noch 22 solche Bunker dazu, ferner 8 Stollen, die mit bergmännischen Methoden in Schlackenhalden oder auch in den Kaiserberg vorgetrieben wurden. Die Keller in Privathäusern wurden durch Zumauern der Fenster gegen Splitterwirkung geschützt, durch Abstützen der Decken verstärkt und z. T. mit Gasschleusen versehen. Der Selbstschutz wurde aktiviert. Zur Bekämpfung von Bränden war die gesamte Bevölkerung verpflichtet. Die Feuerwehr, seit ihrer Unterstel-

Sei stets bereit und denke dran, daß heut der Tommy kommen kann!

Der eine spricht: „Bei Mondenschein,
da fliegt der Tommy doch nicht ein."
Der andre sagt: „Bei schlechter Sicht,
da kommt der Tommy sicher nicht."
Du höre nicht auf das Gequatsche,
denk lieber an die Feuerpatsche
und an das andre Löschgerät,
ob alles auch in Ordnung geht.

Die Spritze ist vielleicht entzwei.
Vielleicht muß noch mehr Sand herbei.
Ist Wasser in der Badewanne,
im Bottich, Eimer, in der Kanne?
Wenn nicht, dann gieß es gleich hinein,
denn du mußt stets gerüstet sein.

Ziehst du dich aus, dann sei so nett
und stell die Stiefel schön vors Bett,
leg deine Kleider griffbereit,
so daß du auch bei Dunkelheit
in einer möglichst kurzen Frist
vollständig angezogen bist.

Geht's dann hinunter in den Keller,
nimm das Gepäck, bei dir geht's schneller.
Soll sich damit die Mutti plagen?
Du kannst ja auch den Kleinen tragen.
Denn darauf kommt es heute an,
daß jeder hilft, so gut er kann.

Wenn es dann schießt, wenn es dann kracht,
dann keinen großen Lärm gemacht,
dann seid auf Draht und auf dem Kien
und haltet Ruh' und Disziplin!

Der Terror trifft uns halb so hart, wenn jeder Disziplin bewahrt!

61 *Auf die notwendigen Luftschutzmaßnahmen wurde die Bevölkerung immer wieder hingewiesen durch Anzeigen in den Zeitungen, durch Plakate und Flugblätter.*

Auch auf Dich kommt es an!

Wer bei Fliegeralarm aus Neugierde oder Bequemlichkeit den Luftschutzraum nicht aufsucht, beweist damit keinen besonderen Mut, sondern nur einen unverantwortlichen Leichtsinn.

Wer in seiner Wohnung oder an seinem Arbeitsplatze die Verdunkelungsvorschriften mißachtet, gefährdet nicht nur sich selbst, sondern auch Leben und Eigentum zahlloser Volksgenossen.

Wer es bei **Fliegeralarm** an der gebotenen **Disziplin, Rücksichtnahme** und **Hilfsbereitschaft** fehlen läßt, verwirkt damit seinerseits das Recht auf Achtung, Rücksicht und Hilfe von seiten der Volksgemeinschaft.

Unsere Soldaten, die täglich zu Wasser, zu Lande und in der Luft in Abwehr und Angriff Leib und Leben für Dich und Deine Sicherheit rücksichtslos einsetzen, haben einen Anspruch darauf, daß auch **Du** es im Entscheidungskampfe der Nation nicht an der Erfüllung Deiner um soviel einfacheren Pflichten fehlen läßt!

Denkt an das niederträchtige Wort, das jüngst einer der plutokratischen Kriegsverbrecher in London aussprach:

„Ich kenne nur einen guten Deutschen, und das ist ein – toter Deutscher!"

Eure Disziplin hilft mit, die feigen und niederträchtigen Anschläge der britischen Luftpiraten auf Euer und Eurer Volksgenossen Leben und Eigentum zuschanden zu machen

Auch auf Dich kommt es dabei an!

62 *In der Anfangsphase des Luftkrieges war die Bereitschaft, bei jedem Alarm Bunker oder Keller aufzusuchen, oft noch gering. Gegen Ende des Krieges haben viele die Bunker kaum noch verlassen.*

lung unter das Polizeipräsidium «Feuerschutzpolizei» genannt, konnte nur gegen die größten Brände eingesetzt werden. Alle größeren Verwaltungen und Betriebe waren darauf angewiesen, ihre Gebäude nachts mit eigenen Wachen zu sichern, die etwaige Brände möglichst im Entstehen löschen sollten. Wasservorräte, Sandsäcke, Feuerpatschen und Gasmasken mußten bereitgestellt werden.

Am 14. Februar 1942 beschloß das britische Kriegskabinett offiziell als neue Strategie das Flächenbombardement (area-bombing), das die Bombardierung vor allem auch der Wohngebiete und die Vernichtung ganzer Stadtviertel zum Ziel hatte. Erstes Objekt dieser neuen Methode, die unter Leitung des Luftmarschalls Harris eine neue Phase im Luftkrieg einleitete, war am 28. März Lübeck. Erster Höhepunkt war der Tausend-Bomber-Angriff in der Nacht zum 31. Mai 1942 auf Köln. 1046 Flugzeuge warfen 2000 Tonnen Bomben und legten das Zentrum der Stadt in

Augenzeuge
In den frühen Morgenstunden von Sonntag auf Montag von 3.30 bis 5.30 den 7. September 1942 war wieder Großangriff auf Duisburg und Umgegend. 1000de Brand-, Spreng- und Luftminen wurden geworfen. Es wurde taghell durch Leuchtkugeln. Ich habe schon viele schwere Nächte durch Luftangriffe mitgemacht, aber diese Nacht war noch schlimmer. Weil die feindlichen Flieger so niedrig flogen, konnte die Flak nicht viel anfangen. Ungeheure Brand- und Gebäudeschäden, die in die Millionen gehen, sind in zwei Stunden entstanden. Auf die Vulkanstraße vor Demag das große Metallager, die Autozufahrt am Marientor, Zollager, Knüppelmarkt, Feld-, Hohe- und Königsstraße, ebenfalls die Tonhalle, es steht bloß noch die Mauer. 100000de Fensterscheiben, viele, die schon zum 3. Mal eingesetzt worden sind. In Neudorf, Kaßlerfeld ebenfalls. Hochfeld hat ebenfalls viel mitbekommen... Ich bin in Köln gewesen, und habe dort alles besichtigt, aber Duisburg sieht viel schlimmer aus. Am selben Tag abends liegen noch 22 Leichen unter den Trümmern auf der Rheinhauserstraße. 85 Tote.

63 *In der Nacht zum 7. Juli 1941 brannte der Dachstuhl des Hamborner Rathauses völlig aus.*

64 *Die Opfer eines Bombenangriffs wurden in einer großen öffentlichen Trauerfeier geehrt.*

65 *Das zerstörte Laboratorium bei Thyssen am 11. März 1942*

66 *Die Schiffswerft und Maschinenfabrik in Ruhrort wurde am 6. September 1942 erneut getroffen...*

67 *...und schwer zerstört.*

Schutt und Asche. Charakteristisch dabei war die massenhafte Verwendung von Brandbomben, die «die Selbstvernichtungskraft» der alten Städte «aktivieren» sollten. Der An- und Abflug der britischen Bomberflotte war von Duisburg aus gut zu beobachten, desgleichen der Widerschein der Flächenbrände.

Zwei Tage später traf Duisburg ein ähnlicher Großangriff mit massenhaftem Abwurf von Brandbomben, 23 155 waren es in dieser Nacht, neben 233 Sprengbomben. Es gab 78 Tote. Die zunehmende Verwendung von Brandbomben brachte in diesem Jahr erheblich höhere Zerstörungen als im vorangegangen, obwohl die Zahl der Angriffe nicht zunahm. Zwar waren die meist verwendeten Stabbrandbomben einzeln relativ leicht zu bekämpfen, wenn man nur schnell genug dabei war. Eine Tüte Sand reichte meist schon. Bei massenhaftem Einsatz reichten die behelfsmäßigen Mittel von Privathäusern allerdings nicht mehr aus. Das galt erst recht, als die Engländer dazu übergingen, die Brandbomben mit Sprengsätzen zu versehen, die das Löschen gefährlich machten. Noch wirkungsvoller waren Flüssigbrandbomben, die beim Aufprall eine meist mit Phosphor versetzte brennbare Flüssigkeit auslaufen ließen. Manche waren ebenfalls mit einem Sprengsatz versehen, der die Flüssigkeit weit in die Umgebung verspritzte. Besonders wirkungsvoll war der Einsatz von Brandbomben in Verbindung mit Luftminen, die ebenfalls in diesem Jahr zum Einsatz kamen, in Duisburg erstmals am 7. Januar. Diese Sprengkörper, oft bis zur Größe einer Litfaßsäule, konzentrierten eine größtmögliche Menge Sprengstoff in einem dünnen Stahlmantel. Die Druckwelle dieser «Badeöfen», wie sie wegen ihrer Form genannt wurden, ließ ganze Häuserblocks auf einmal einstürzen und deckte auch in einiger Entfernung noch die Dächer ab. Solchermaßen «durchgepustete» Stadtviertel gaben dann den nötigen «Durchzug» für die verheerenden Flächenbrände, während gleichzeitig Sprengbomben die Löschmannschaften in die Keller zwangen, bis jeder Löschversuch vergebens war.

Im Ganzen haben in diesem Jahr 1942 1665 Sprengbomben, 73 Luftminen und 120 000 Brandbomben 542 Tote gefordert. Die Stadtverwaltung sah sich genötigt, bei der Ehrung derer, die «an der Heimatfront den Heldentod gefunden» hatten, die bisherigen Gepflogenheiten zu ändern. Bislang war es üblich gewesen, daß die Stadt bei jeder Beisetzung von drei und mehr Opfern einen Kranz niederlegte, unter Teilnahme des Standortältesten der Wehrmacht und eines Vertreters der Kreisleitung der Partei. Seit Juli 1942 wurde es aber so schwierig, Kränze in genügender Anzahl zu beschaffen, daß nur noch bei großen gemeinsamen Trauerfeiern *ein* repräsentativer Kranz niedergelegt werden konnte.

Auch die Luftschutzberichte der Polizei spiegelten die veränderten Verhältnisse. Hatte man es zunächst für nötig gehalten, jede Sprengbombe, jede Brandbombe und jeden Erdkrepierer der Flak nach Ort, Zeit und Schadenshöhe sorgsam zu registrieren, so sah man sich jetzt genötigt, zu einem mehr summarischen Verfahren überzugehen.

> Schmerzerfüllt teilen wir Ihnen mit, daß heute morgen 7 Uhr, nach mit großer Geduld ertragenem Leiden, unser letztes Vier-Pfund-Brot im jugendlichen Alter von drei Tagen verschieden ist. Es folgte unserem vor kurzer Zeit vorangegangenen Achtel Butter in die Leiblichkeit nach. In tiefem Weh: Fritz Hunger, Otto Wenigfleisch, Olga Ohnefett, Anna Kohlenknappheit, Paula Kartoffelsorge, Erwin Eiermangel.
> Duisburg, im November 1942, Knappheitsstraße 1. Etwaige Lebensmittelspenden bitten wir im Trauerhause, Knappheitsstraße 1, abzugeben.
> *Flugblatt, Ende Okt. 1942*

Die materiellen Schäden nahmen dementsprechend zu. Im Juni gab es eine Brandkatastrophe im Bereich Altstadt-Innenhafen, der die Liebfrauen- und die Minoritenkirche zum Opfer fielen, die Roggenmühle von Rosiny und das Gebäude der Allgemeinen Speditionsgesellschaft. Im Juli folgten drei schwere Angriffe im Abstand von je zwei Tagen. Im September wurde die Tonhalle vernichtet, im Dezember Theater und Stadtbibliothek. Sogar am Weihnachtsabend gab es einen Angriff.

Das Jahr 1943 brachte nochmals eine neue Phase im Luftkrieg. In der entsprechenden alliierten Direktive hieß es, Ziel sei «die fortschreitende Zerstörung und Zerstreuung des deutschen Militär-,

68 *Die Allgemeine Speditionsgesellschaft AG brannte im Juni 1942 aus.*

69 *Die Königstraße 1942*

70 Hochzeit im Luftschutzkeller

Industrie- und Wirtschaftssystems und die Unterminierung der Moral des deutschen Volkes bis zu einem Punkt, wo ihre Fähigkeit zum bewaffneten Widerstand in tödlicher Weise geschwächt ist». Mit anderen Worten, die «Festung Europa» sollte sturmreif gebombt werden. Zweck der Übung war neben der Zerstörung der Industrieanlagen und Verkehrswege auch, im Landesinnern möglichst viel militärisches Personal zu binden, um die Front, vor allem im Osten, zu schwächen. Um dem zu begegnen und um, vor allem nach den Verlusten von Stalingrad, möglichst viele reguläre Flaksoldaten für die Ostfront freizumachen, wurden mit Anordnung vom 25. Januar 1943 15–16jährige Schüler der höheren Schulen als Luftwaffenhelfer dienstverpflichtet und nach vier- bis sechswöchiger Ausbildung in einer besonderen fliegerblauen Uniform einer Flakbatterie zugeteilt. Daneben erhielten sie am Einsatzort noch ein paar Stunden Unterricht. Im militärischen Bürodienst wurden wehrfähige Männer durch Mädchen abgelöst. Der Stadtkreis Duisburg hat noch im Dezember 1944 1270 «Wehrmachtshelferinnen» stellen müssen.

Das Frühjahr 1943 ließ erkennen, was «sturmreif bomben» hieß. Der Angriff vom 27. April übertraf bereits jeden vorangegangenen. Die große Katastrophe kam am 13. Mai, genau drei Jahre nachdem die ersten Bomben auf die Kupferhütte gefallen waren. 300 Maschinen warfen 1055 Sprengbomben, 106 Luftminen und 127975 Brandbomben. Nach englischen Angaben war dies mit 1350 Tonnen die größte Menge Munition, die bisher überhaupt auf eine deutsche Stadt abgeworfen worden war. Zielgebiet war ein Streifen von Obermeiderich über das Hafengebiet und Duissern bis zur Altstadt. Was der Sprengstoff stehen ließ, verwüsteten die Flächenbrände, bei denen jeder Löschversuch ein aussichtsloses Unterfangen war. Besonders die Altstadt war schwer getroffen. Münz- und Kasinostraße völlig vernichtet, die Beeckstraße zu 90 %, ähnlich die Umgebung des Burgplatzes mit der Salvatorkirche und zahlreichen anderen historischen Bauten. Vor dem Krieg waren Pläne zur Altstadtsanierung entwickelt worden, die eine Begradigung der Fluchtlinien mehrerer Straßen vorsahen. Die erforderlichen Abbrucharbeiten waren in dieser Nacht kostenlos ausgeführt worden.

Eine der Konsequenzen war die Forcierung der Evakuierungsbemühungen, insbesondere die Schließung und Verlagerung sämtlicher Schulen in die als weniger gefährdet angesehenen süddeutschen Gebiete und nach Böhmen und Mähren. Die Stadt begann sich zu entvölkern. Die Nerven der Menschen waren zermürbt. Bisher hatte es seit dem 13. Mai 1940 161 Angriffe und 623 Alarme gegeben. D. h. es gab durchschnittlich jede Woche einen Angriff und mindestens jeden zweiten Tag einen Alarm.

Danach allerdings wurde es wieder etwas ruhiger, die Schwere der Angriffe ließ etwas nach. Vor allem wurden kaum noch Brandbomben verwendet, mit Ausnahme des 22. Mai 1944, als u. a. das St. Anna-Krankenhaus zerstört wurde. Im Sommer erhofften sich manche die Wende von Hitlers neuer Wunderwaffe. Am 15. Juni flog die erste V1-Rakete nach England, am 8. Oktober die erste, wesentlich größere V2. Jedoch war die Treffsicherheit die-

71 *Bei dem gleichen Angriff am 20. Dezember 1942, dem die Oper zum Opfer fiel, brannte auch das Palasthotel am Kuhtor aus.*

72 Der Hochfelder Hof, Wanheimerstraße, wurde ebenso Opfer des 20. Dezember 1942 ...

Am 18., 19. und 20. 5. 1944 weilte ich zu kurzer Erholung in meiner Heimat E. In der Früh des 22. 5. 44 wurde ich um 4 Uhr im Hotel zur Post jäh aus dem Schlaf geweckt von meiner Nichte M mit dem Bemerken, ich müsse sofort nach Hause zurückfahren. Tante J. habe angerufen, daß mein Krankenhaus in Huckingen schwer bombardiert worden wäre. In schneller Fahrt bei freier Straße machte ich mich auf den Weg. Die Gedanken wirbelten nur so durcheinander und schwankten dauernd zwischen größter Furcht und leiser Hoffnung. Im Stillen hatte ich natürlich das Gefühl, es würde vielleicht doch nicht so schlimm sein und meine Hilfe nur hauptsächlich deshalb erwünscht, um den Verletzten beistehen zu können. Mein Entsetzen war deshalb um so größer, als ich in Huckingen die Landstraße voll Feuerwehr etc. stehen sah und schon daraus schließen konnte, daß hier ein enormer Schaden entstanden war. Als ich dann mit meinem Auto um die Ecke bog, blieb mir fast das Herz stehen beim Anblick des großen, sich mir darbietenden Trümmerhaufens. Meine erste Frage im Krankenhaus war: haben wir Tote? Die Zahl wurde zunächst mit 5 Kranken angegeben, von denen einer bereits auf dem Weg der Genesung war, während alle anderen 4 sozusagen hoffnungslose Fälle waren, die über kurz oder lang ihrem Leiden sowieso erlegen wären. Dann aber hörte ich, daß der Luftschutzkeller, in dem sich unser gesamtes Personal befand, von den Trümmerhaufen zugeschüttet sei. Man hatte angeblich Klopfzeichen gehört. Ein nach kurzer Zeit herbeigerufenes Horchgerät wollte sogar den Ruf nach Wasser gehört haben. Ein inzwischen eingetroffener Bagger legte nun die Stelle frei und bereits nach ganz kurzer Zeit

ser Geschosse viel zu gering, so daß eine völlig fehlgesteuerte Rakete sogar auf Duisburger Gebiet niederging und einen 15 Meter tiefen Krater hinterließ. Vor allem aber kam die «Wunderwaffe» zu spät, um das Blatt noch zu wenden. Am 13. September hatten die Alliierten bereits die Reichsgrenze bei Aachen erreicht. Und zugleich hatte sich bewahrheitet, was Präsident Roosevelt in einem Bericht zur Kriegslage festgestellt hatte: Hitlers Europa war eine «Festung ohne Dach».
Wie sehr dies zutraf, erlebte Duisburg noch einmal mit größter Deutlichkeit am 14. und 15. Oktober. Mit einem Großangriff hatte man rechnen müssen. Andere große Städte in der Nachbarschaft hatten ihn bereits erlebt. Bei der Nähe der Front hatten die alliierten Bombergeschwader nur noch kurze Wege. Die deutsche Abwehrkraft war auf ein Minimum gesunken. Was aber nun kam, übertraf alle Erwartungen.
Die erste Welle kam am 14. Oktober, einem Samstag, zwischen 8.45 Uhr und 9.05 Uhr. Wer nun – entsprechend den bisherigen Erfahrungen – glaubte, den Rest des Wochenendes in Ruhe verbringen zu können, sah sich bitter getäuscht. In der Nacht, um 1.30 Uhr ging es wieder los bis 2.05 Uhr. Und noch in der selben Nacht, nach einer Ruhepause von nicht einmal zwei Stunden, zog eine dritte Welle von Bombern über die Stadt. Um 4.15 Uhr war es wieder ruhig in der Luft. In weniger als 20 Stunden waren fast 12 000 Sprengbomben gefallen, 258 Luftminen und mehr als 200 000 Brandbomben.

73 ... wie die Kabelwerke Duisburg.

> mußten wir feststellen, daß die Decke des Luftschutzkellers nicht gehalten hatte und die ganzen Schuttmassen des vierstöckigen Gebäudes auf und in den Keller hineingestürzt waren. Damit schwand jede Hoffnung, überhaupt noch jemand lebend zu bergen. Der unermüdlichen Arbeit der Baggerleute ist es zu verdanken, daß 42 Personen, die hier begraben lagen, bis auf einen restlos wieder ans Tageslicht befördert werden konnten. Alle Leichen wurden identifiziert und ein Teil davon wurde bereits wieder auf dem Gottesacker der Erde zurückgegeben. 3 Schwesternschülerinnen, die zu den besten Hoffnungen berechtigten, 7 junge Mädchen aus der Küche, eine Rote Kreuz-Helferin, verschiedene Angestellte des Hauses, unser Schweizer mit seiner Frau, zwei Töchtern, einem Bräutigam und einem Kind, also im ganzen 6 Personen aus einer Familie, unser Heizer, unser Schlosser, die Frau unseres Gärtners, hatten in den Trümmern ihren Tod gefunden, neben 9 Ukrainerinnen, die uns ebenfalls in den vergangenen Jahren wertvolle und gute Dienste geleistet hatten. Von unseren eigenen Schwestern wurde niemand verletzt, wie wir überhaupt merkwürdigerweise im ganzen Hause keine Verletzten hatten. Es war eine der modernsten Sechstonnenbomben, die das Unglück hervorgerufen hatte. Einige Leichen wurden vom Pathologischen Institut in Düsseldorf geöffnet und dabei festgestellt, daß sie noch nicht einmal Staub in den oberen Luftwegen hatten, daß sie also gewissermaßen schlagartig gestorben sind.
>
> *Augenzeugenbericht über die Zerstörung des St. Anna-Krankenhauses*

74 *Kabelwerke Duisburg*

75 *Der Ruhrorter Hafen*

76 *Die Vereinigten Blei- und Zinnwerke in Hamborn*

> «Durch den Nachtangriff vom 15. Oktober 1944 wurde die Schwerindustrie des Luftschutzortes Duisburg schwer getroffen. Einzelmeldungen waren bisher infolge des Ausfalls sämtlicher Fernsprechverbindungen nur in wenigen Fällen zu erhalten. Fast sämtliche Zechen und Kokereien liegen still, teils wegen ihres Eigenschadens, teils wegen Ausfalls der Wasser- und Energieversorgung. Die vier Hauptwasserleitungen der Stadtwerke Duisburg sowie der Thyssenschen Gas- und Wasserwerke sind unterbrochen, alle Ferngasleitungen mehrfach unterbrochen. Der Großbehälter des Hauptferngaswerkes von 300 000 cbm wurde durch Teerbrand beschädigt. Ein 42 000 cbm großer Gasspeicher wurde durch Bombentreffer zerstört. Hierdurch 2,6 Millionen cbm Tagesleistung völlig ausgeschaltet. Die Großkokereien liegen zunächst einmal für wenigstens eine Woche still, ein großer Teil aber für unübersehbare Zeit. Ausfall von 10 000 Tonnen Koks täglich. Die Gruben liegen für drei bis acht Tage still, Förderausfall von 20 000 Tonnen Tagesleistung. Die Hüttenwerke müssen teilweise für kürzere Zeit, teilweise aber für unbestimmte Zeit stillgelegt werden.

... Hafengebiet Duisburg und Ruhrort erneut stark getroffen. Großbrände im Innen- und Außenhafen. Hafenbefehlsstelle I zerstört. Marientorbrücke von einer Sprengbombe getroffen und in Brand geraten. Brücke nicht mehr befahrbar. Schwanentorbrücke ebenfalls beschädigt, kann nur noch über die Ostseite befahren werden. Ruhrschnellweg Nähe Schleppamt Duisburg-Ruhrort wegen großer Bombentrichter gesperrt, desgleichen südliche Zufahrt zur Karl-Lehr-Brücke wegen Großbränden und Trümmermassen.

...

Sämtliche Gleisanlagen und Oberleitungen der Duisburger Verkehrsgesellschaft AG in den Stadtteilen Duisburg südlich der Ruhr und nördlich der Ruhr sowie in der Gemeinde Walsum sind sehr stark getroffen worden. Der Betriebsbahnhof Duisburg ist vollständig ausgebrannt. Viele Straßenbahnwagen wurden zerstört oder beschädigt. Der Straßenbahnverkehr ruht auf unbestimmte Zeit.

Lagemeldung des Luftschutzortes Duisburg, 16.10.1944

78 *Die Königstraße, April 1943*

77 *1943 begannen die Alliierten, Deutschland sturmreif zu bomben. Der Angriff vom 27. April übertraf alles bisher Dagewesene. Die Innenstadt trug schwere Schäden davon. Hier Beeckstraße und Weinhausmarkt.*

79 *Die Memelstraße*

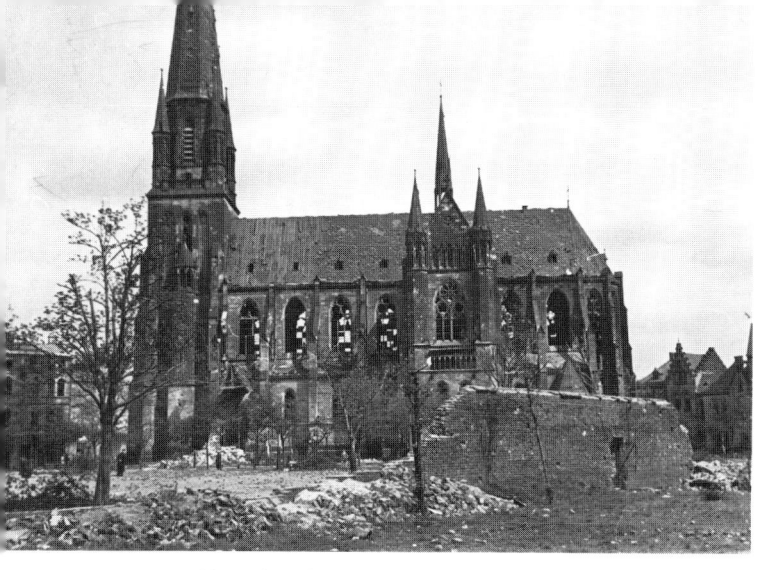

80 Neben der Innenstadt wurde ein breiter Streifen von Neudorf über den Tierpark bis zum Mülheimer Stadtgebiet getroffen. Hier die Ludgerikirche in Neudorf.

81 Das Aquarium im Tiergarten

82 Die Ruhrbrücke nach Mülheim

83 Der Angriff vom 13. Mai 1943 war der schwerste, der bisher gegen eine deutsche Stadt geführt worden war. Besonders die Altstadt wurde schwer zerstört. Hier der Burgplatz mit der Salvatorkirche

84 *Friedrich-Wilhelm-Platz, 13. Mai 1943*

85 *Die Innenstadt mit den ausgebrannten Türmen des Rathauses und der Salvatorkirche, 13. Mai 1943*

86 *Das Dachgeschoß des Rathauses und der Turm der Salvatorkirche, 13. Mai 1943*

87 *Die Brüderstraße und der Turm der Liebfrauenkirche, 13. Mai 1943*

88 *Der Innenhafen am 13. Mai 1943*

89 *Der Ruhrorter Hafen*

90 *Der Parallelhafen*

Das war das Anderthalbfache dessen, was die Stadt seit Kriegsbeginn über sich hatte ergehen lassen müssen. Allein bei dem nächtlichen Doppelangriff mit 5500 Tonnen abgeworfener Munition hatte Duisburg zum zweiten Mal den absoluten Rekord unter den deutschen Städten errungen.

Bisher waren bei 239 Luftangriffen 1576 Menschen ums Leben gekommen. Bei den Oktoberangriffen, die alle Stadtteile mit Ausnahme des Südens gleichmäßig abdeckten, gab es 2541 Tote, 946 Verletzte und 335 Vermißte. Zählt man zu den Toten die Vermißten, die in aller Regel nicht lebend geborgen werden konnten, und einen Teil der Verletzten hinzu, so sind bei diesem Dreifach-Angriff doppelt so viele Menschen zu Tode gekommen, wie bei allen 239 vorangegangenen Angriffen. Diese hohen Verluste sind vor allem darauf zurückzuführen, daß die Angriffe so kurz aufeinander folgten. Nach der ersten Welle rechnete niemand mit so baldigem «Nachschub», und außerdem waren die Fernmeldeeinrichtungen lahmgelegt und konnten am selben Tag nicht mehr repariert werden, so daß nicht einmal Alarm gegeben werden konnte. So wurden die meisten in den Betten überrascht.

Die materiellen Schäden waren schier unübersehbar. Bisher war das Leben trotz aller Einschränkungen im Rahmen einer gewissen Ordnung abgelaufen. Bei allen Zerstörungen war es immer noch möglich gewesen, auf irgendwelche Reserven zurückzugreifen, und wenigstens mit provisorischen Maßnahmen dafür zu sorgen, daß das Leben weitergehen konnte. Jetzt war das Ausmaß der Zerstörung so groß, daß mit den wenigen noch zur Verfügung stehenden Mitteln und den kaum noch vorhandenen qualifizierten Arbeitskräften selbst eine provisorische Wiederherstellung wichtiger Versorgungseinrichtungen nicht mehr möglich war.

So waren die Thyssenschen Gas- und Wasserwerke, die Gasbehälter und die Ferngasleitungen so schwer beschädigt, daß bis Kriegsende kein Gas mehr geliefert werden konnte. Zechen und Kokereien lagen still, teils durch eigene Schäden, teils durch Ausfall der Strom- und Wasserversorgung. Gegen Ende des Jahres konnten nur noch Bunker und Krankenhäuser mit Strom beliefert werden. In den Häfen hatten Großbrände gewütet, 5 Speicher und Lagerhäuser waren zerstört oder beschädigt, 111 Schiffe gesunken, 230 weitere beschädigt. Die Wracks blockierten die Hafeneinfahrten. Straßen- und Eisenbahnverbindungen zum Hafen waren unterbrochen, die Marientorbrücke unpassierbar, die Schwanentorbrücke nur noch einseitig zu benutzen. Alle wichtigen Straßenzüge waren durch Trümmer, Bombentrichter und Blindgänger unpassierbar. Nur der Mittellandkanal war noch befahrbar. Der wichtige Kohletransport nach Süddeutschland aber war lahmgelegt, teils weil aus den Duisburger Häfen Schiffsfriedhöfe geworden waren, teils weil in Köln die Trümmer der Hohenzollernbrücke das Fahrwasser versperrten.

24 Gebäude der öffentlichen Verwaltung waren zerstört, darunter die Rathäuser von Ruhrort und Beeck, ferner 7 Kirchen und 4 Schulen; 8 Krankenhäuser waren mehr oder weniger schwer beschädigt. Über die Wohnungsschäden meldet der Lagebericht: «Aus den nicht mehr bewohnbaren Häusern müssen zunächst 56000 Personen umquartiert werden. Diese Zahl wird sich noch bedeutend erhöhen.»

Auch wer noch ein Dach über dem Kopf hatte, fühlte sich in seiner Lebensführung aufs empfindlichste gestört, da die Versorgung mit Gas, Wasser und Strom ausfiel. Kerzen wurden zur Kostbarkeit, Wasser konnte nur durch Notbrunnen und mit Tankwagen beschafft werden. Als die letzten Reste Treibstoff verbraucht waren, fielen auch die Tankwagen aus. Wer in der Nähe des Hafens wohnte, holte sich von dort sein Waschwasser. Trinkwasser war zu kostbar zum Waschen. Der öffentliche Nahverkehr war fast völlig lahm gelegt.

91 Wohnhäuser Im Grond in Untermeiderich

92 *Unter den Ulmen*

93 *Das St.-Anna-Krankenhaus am 22. Mai 1944*

Die schwersten Luftangriffe von 1940 bis Mai 1943

1940: London 250 t / Mannheim 100 t
1941: London 450 t / Kiel 250 t
1942: Bath 100 t / Köln 1.500 t
1943: Auf London nicht mehr als 6 t — Ein einziger Angriff von 50 t / Dortmund 2000 t

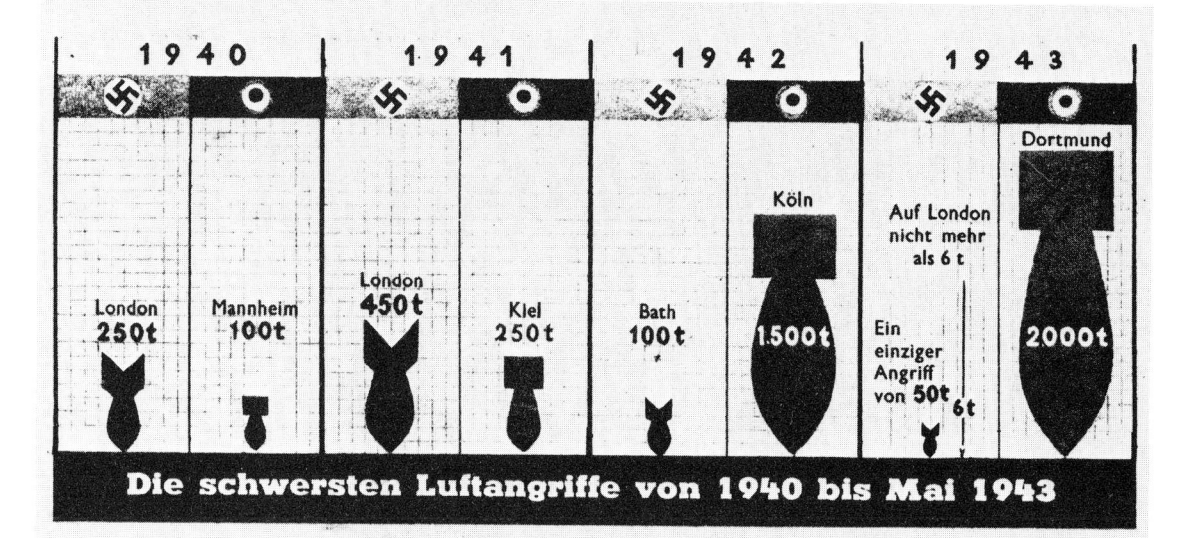

Die Festung Europa hat kein Dach

IM April 1943 warf die R.A.F. mehr als 10 Millionen Kilogramm Bomben auf deutsche Industrieziele.

Im Mai 1943 wurden über 12 Millionen Kilogramm Bomben abgeworfen.

In einer einzigen Woche im Mai fielen 750 000 Kilogramm Bomben allein auf das Ruhrgebiet.

Bis 1. Juni 1943 haben englische Flugzeuge über 100 Millionen Kilogramm Bomben auf Deutschland abgeworfen.

Die Royal Air Force ist heute stärker als die deutsche und italienische Luftwaffe zusammen.

In Amerika wurden allein im April 1943 7 000 Flugzeuge fertiggestellt.

Die amerikanische Flugzeugindustrie hat am 31. Mai das 100 000 Flugzeug für diesen Krieg geliefert.

Amerika produziert heute mehr Flugzeuge als Deutschland, Italien und Japan zusammen.

Das sind die Tatsachen. Was folgt daraus? Man könnte sagen: Was die Engländer ausgehalten haben, können die Deutschen auch aushaltern.

Aber der Vergleich hinkt. Die englisch-amerikanische Luftoffensive gegen Deutschland ist bereits jetzt weit schwerer als die deutsche Luftoffensive gegen England je war. In ihrem schwersten Angriff auf eine englische Stadt (London, 10. Mai 1941) warf die Luftwaffe 450 000 Kilogramm Bomben in einer Nacht.

In ihrem bisher schwersten Angriff auf eine deutsche Stadt (Dortmund, 23. Mai 1943) warf die R.A.F. 2 000 000 Kilogramm Bomben in einer Nacht. Mehr als viermal soviel — und das ist erst der Anfang.

Die Engländer konnten standhalten, weil sie wussten: Wenn sie standhalten, musste es besser werden. Sie hatten kaum angefangen zu rüsten. Sie kamen erst in Gang. Sie wussten, dass ihre eigene Luftmacht und Luftverteidigung von Tag zu Tag wuchs.

Sie sahen amerikanisches Kriegsmaterial in Massen ankommen und sie konnten hoffen, dass Amerika eines Tages als Verbündeter an ihrer Seite stehen würde.

Was haben heute die Deutschen zu hoffen, wenn sie sich standhaft weiter bomben lassen?

Neue Verbündete gibt es nicht mehr. Deutschlands eigene Kampfkraft lässt nach. Die englisch-amerikanische wächst von Tag zu Tag. Deutschlands Fabriken werden bombardiert. Seine Produktion ist um 20% gesunken. Amerikas Produktion ist „bombensicher".

Deutschlands geschwächte Luftwaffe muss an drei Fronten kämpfen. Überall ist sie in der Defensive. Die R.A.F. und die amerikanische Heeresfliegerei haben, trotz Atlantik-Wall, eine Front im Herzen Deutschlands geschaffen. Die „Festung Europa" hat kein Dach.

Daran ist nichts mehr zu ändern. Die deutschen Arbeiter und Ingenieure, die in den Fabriken aushalten, können den Gang des Krieges nicht mehr wenden. Sie können den Krieg nur verlängern. Das heisst: Sie können dafür sorgen, dass noch mehr Bomben auf Deutschland fallen.

Es werden immer mehr werden von Monat zu Monat.

Wie lange soll das noch so weiter gehen?

G.38

94 *Nach dem Angriff vom 13. Mai 1943 hatte das englische Flugblatt hohe Überzeugungskraft.*

95 Die «Nachrichten für die Truppe», eine vierseitige Flugblattzeitung, war eines der eindrucksvollsten Werkzeuge der psychologischen Kriegführung. Ab März 1944 wurden von jeder Auflage durchschnittlich 2 000 000 Exemplare mit eigens hierfür entwickelten Flugblattbomben abgeworfen, anfangs an der Front, später auch über dem Hinterland. Die Informationen waren größtenteils zutreffend, nur in selteneren Fällen erfunden.

Nr. 36, Montag 22. Mai 1944

NACHRICHTEN FÜR DIE TRUPPE

Auch Fondi wird geräumt

Im OKW setzt man jetzt auf die nächste Abwehrlinie Aquino-Terracina

Schwere Angriffe der Anglo-Amerikaner haben die deutschen Truppen in Süditalien zu neuen Rückzügen gezwungen.

Am stärksten war der Druck an dem rechten Flügel, wo die Soldaten der 94. Infanterie-Division sich weiter in Richtung Terracina zurückziehen mussten.

Der Küstenort Sperlonga wurde den Anglo-Amerikanern überlassen, deren Angriffsspitze bei Terracina nur noch 35 Kilometer vom Landekopf von Nettuno entfernt ist.

Weiter landeinwärts mussten die Truppen Generalfeldmarschall Kesselrings den Ort Fondi an der Via Appia räumen.

Soldaten der 71. Infanterie-Division erlitten schwere Verluste, als die Angreifer nach heftiger Artillerie-Vorbereitung zwischen Pico und Montecorvo in die deutschen Stellungen einbrachen. Wie der OKW-Bericht meldet, sind Gegenmassnahmen zur Abriegelung im Gange.

Schwere Kämpfe toben auch um den Ort Aquino an der Strasse Cassino-Rom, der Via Casilina. Der Flugplatz von Aquino musste nach einer schweren Panzerschlacht den Anglo-Amerikanern überlassen werden.

Piedimonte wieder erobert

Aber jenseits der Via Casilina haben Soldaten der 5. Gebirgsjäger-Division die Angreifer wieder aus der Ortschaft Piedimonte vertrieben, die am Sonnabend vorübergehend geräumt werden musste.

Im OKW herrscht weiterhin Zuversicht, dass es den Anglo-Amerikanern nicht gelingen wird, die Abwehrlinien zwischen Aquino und Terracina zu durchstossen.

Die Soldaten der 94. Infanterie-Division im Küstenabschnitt haben Befehl, die Küstenstadt Terracina um jeden Preis zu halten und den Anglo-Amerikanern den Anschluss an ihre Truppen im Landekopf von Nettuno zu verwehren.

Schwerer Angriff auf Duisburg

Schwere britische Kampfflugzeugverbände griffen in der vergangenen Nacht Ziele im Reich an. Der Hauptangriff richtete sich gegen Duisburg.

Tausende von anglo-amerikanischen Jägern und Zerstörern bekämpften gestern am Tage im Tiefflug Flugplätze, Flakstellungen und Eisenbahnanlagen in weiten Teilen des Reichs, in Frankreich, Belgien und Holland.

Der Luftraum von der Kanalküste bis in die Ost- und Südgaue des Reichs wurde von den Angreifern beherrscht, ohne dass die Abwehr die Angriffe verhindern konnte.

Von den frühen Morgenstunden an trafen Meldungen über fortgesetzte Angriffe ein, die der Bevölkerung die Schutzlosigkeit vor den anglo-amerikanischen Luftangriffen vor Augen führten.

Mit Bordwaffen und Splitterbomben bekämpften die Flieger im Tiefangriff Flugplätze und Luftparks, Bahnhöfe und offene Bahnstrecken, griffen LKWs auf den Strassen und Frachtkähne auf Flüssen und Kanälen an.

Insgesamt 30 Züge auf verschiedenen Bahnstrecken wurden zum Entgleisen gebracht. Ein fahrender Güterzug zwischen Osnabrück und Bremen erhielt einen Bombenvolltreffer. Die Strecke Osnabrück-Bremen ist noch unterbrochen, der Verkehr wird über Delmenhorst umgeleitet.

Die Stadt Münster wurde von Schnellbombern und Zerstörern mit Bomben belegt.

Fast zur gleichen Zeit trafen Angriffe der Anglo-Amerikaner das Gebiet von Köln und Hannover, den Raum von Leipzig und Magdeburg, und im Norden das Gebiet von Wilhelmshaven, Cuxhaven und Bremen.

Von Flugplätzen wurden besonders die Fliegerhorste Neuruppin und Helmstedt schwer getroffen.

Die Verteidigung des Reichsgebiets blieb fast ausschliesslich den Flakbatterien überlassen, die in vielen Gauen von den anglo-amerikanischen Fliegern im Tiefflug angegriffen wurden. Sechs anglo-amerikanische Jäger wurden durch Flakfeuer zum Absturz gebracht.

Bulgarien soll verstärkten Kriegseinsatz leisten

Die Verhandlungen über die Bildung einer neuen bulgarischen Regierung, die bereit ist, die deutschen Forderungen über eine verstärkten Kriegseinsatz Bulgariens zu erfüllen, haben bisher zu keinem Ergebnis geführt.

Gesandter Beckerle hatte heute eine neue Unterredung mit Ministerpräsident Boschiloff, der nach seiner Demission die Regierungsgeschäfte vorläufig weiterführt.

Gesandter Beckerle wiederholte die Forderung der Reichsregierung, dass Bulgarien in der gegenwärtigen ernsten Lage alle Kräfte für den gemeinsamen Kriegseinsatz mobilisieren muss.

Verhandlungen über eine Verstärkung der bulgarischen Besatzungstruppen in Serbien und Griechenland werden zwischen dem deutschen Hauptverbindungsoffizier beim bulgarischen Oberkommando General Major Gaede und dem bulgarischen Oberbefehlshaber fortgesetzt.

IM OSTEN BLEIBT ES WEITER RUHIG

An der Ostfront dauerte die Kampfpause auch gestern weiter an.

Deutsche Kampfflieger griffen, laut OKW-Bericht, in der vorhergegangenen Nacht die Eisenbahnknotenpunkte Schepetowka und Sdolbunowo an.

Marine-Küstenbatterien nahmen sowjetische Stellungen in der Narwa-Bucht unter Feuer.

Wachfahrzeuge der Kriegsmarine schossen über dem Finnischen Meerbusen vier sowjetische Bomber ab.

Mit Bombern gegen Eissperre

Gegen eine schwere Eissperre, die sich auf dem Tornea-Fluss bei der Stadt Skugschaen, in Nordschweden gebildet hatte, mussten drei schwere Bombenflugzeuge eingesetzt werden.

JAPANERINNEN AN DIE FRONT

Ein Infanterie-Regiment, nur aus Frauen bestehend, haben die japanischen Militärbehörden für den Einsatz an der Burmafront gebildet.

Die weiblichen Infanteristen sind Frauen aus China, Burma und Indien. Sie stehen unter dem Befehl weiblicher japanischer Offiziere und werden an der Front genau wie die Männer eingesetzt werden.

Fliegerführer Italien tödlich abgestürzt

Der Fliegerführer Italien, Eichenlaubträger Oberst Walter Sigel, ist tödlich abgestürzt.

Oberst Sigel war einer der bekanntesten Sturzkampfflieger der ersten Kriegsjahre. Als Hauptmann und Gruppenkommandeur zeichnete er sich im Polenfeldzug aus und flog an der Spitze seiner Gruppe im Westfeldzug. Als Kommodore eines Sturzkampfgeschwaders im Balkan-Feldzug und in Afrika erzielte Oberst Sigel, der 38 Jahre alt war, neue Erfolge.

Das Ritterkreuz erhielt

Das Ritterkreuz des Eisernen Kreuzes erhielten:

Oberleutnant Ernst Beutelspacher, Staffelführer in einem Schlachtgeschwader.

Oberleutnant Beutelspacher hat sich im Kampf gegen die Sowjet-Union auf annähernd 500 Feindflügen hervorragend bewährt.

Chinesen rücken vor

Nach dreitägigen Strassenkämpfen besetzten die chinesischen Truppen ein Drittel von Myitkyina, Endstation der Rangooner Eisenbahnlinie und der grösste Japanische Stützpunkt in Nord Burma. Die Besetzung des Bahnhofs im nord-östlichen Teil der Stadt wechselte fünf mal zwischen den kämpfenden Parteien bis er endgültig den Chinesen zufiel. Währenddessen durchschnitt eine chinesisch-amerikanische Kolonne die japanischen Verbindungslinien im Süden der Stadt und starke Verbände, die nördlich vordringen, greifen den zweiten Flugplatz an.

Wallace nach China

Präsident Roosevelt hat bekannt gegeben, dass Vizepräsident Henry Wallace nach China abgereist ist.

Petain auf Reisen

Nachdem Marschall Petain gestern in Rambouillet der Gedächtnisfeier für die französischen Gefangenen in Deutschland beiwohnt hatte, reiste er in Richtung Paris ab.

Luftschutzbetten werden abgeschafft

Luftschutzbetten werden jetzt in den LS-Bunkern der meisten Frontstädte entfernt werden, damit mehr Leute unterkommen. Nur noch Sitzplätze werden zur Verfügung stehen.

Diese Massnahme ist notwendig geworden, weil zahlreiche zerstörte oder schwerbeschädigte LS-Bunker nicht wieder hergestellt werden können.

Es fehlt an Baustoffen und an Arbeitskräften für den Wiederaufbau oder Neubau von LS-Bunkern, und die schutzsuchende Bevölkerung wird in den vorhandenen LS-Räumen enger aneinander rücken müssen.

Gandhi sieht Film

Gandhi hat zum ersten Mal einen Tonfilm gesehen. Der Film „Mission nach Moskau" wurde ihm in Juhu vorgeführt.

Bomben fallen auf Berlin. Diese Fliegeraufnahme wurde kurz nach Beginn des Angriffs von 2000 Bombern am Freitag auf Berlin gemacht.

Bekanntmachung!

Infolge der äußerst zahlreichen und schweren Beschädigungen an Wohngebäuden wird die Bevölkerung zur **tatkräftigen Mitarbeit** bei der Beseitigung der Fliegerschäden aufgerufen. Wegen Mangel an Fachkräften und Material können in jeder Wohnung nur die Küche und ein Zimmer nach und nach instandgesetzt werden. Aus diesem Grunde muß jeder selbst mit zufassen, vor allen Dingen sich bei der Dichtmachung der Dächer betätigen. Die Stadtverwaltung wird so weit wie möglich mit Material helfen. **Fehlende Dachziegel müssen von den Totalschäden entnommen werden. Das Material muß schonendst behandelt werden.**

Strohpappe wird in den nächsten Tagen wieder in den Ausgabestellen der Stadtteile ausgegeben.

Duisburg, den 17. Oktober 1944

Der Oberbürgermeister
Freytag

96 *Der Dreifach-Angriff vom 14./15. Oktober 1944, der schwerste überhaupt, hat das Leben in der Stadt fast völlig und auf Dauer lahmgelegt. Reparaturen waren fast nicht mehr möglich.*

97 *Gas- und Wasserwerk, 22. Mai 1944*

Auch die bisher nach Angriffen gewohnten Hilfsmaßnahmen waren beeinträchtigt. Die Nationalsozialistische Volkswohlfahrt (NSV) hatte bis dahin über 60 Notunterkunftsstellen verfügt, die bei jedem Alarm besetzt wurden. Daneben gab es 40 nur bei Bedarf besetzte Stellen und 45 Ausweichstellen. Insgesamt konnten ca. 50000 Menschen vorübergehend untergebracht werden. Die NSV-Großküchen waren in der Lage, täglich 30000 Essen herzustellen. Bisher hatten diese Einrichtungen nach Angriffen spürbare Hilfe bringen können. Mit den Oktoberangriffen waren sie hoffnungslos überfordert – soweit es sie überhaupt noch gab. Der Luftschutzbericht meldete lapidar, daß die «Betreuungsorganisation zerschlagen» sei. Parteigliederungen, Reichsluftschutzbund und Wehrmacht mußten einspringen, auch aus der Umgebung.

98 *Die Mittelstraße in Meiderich, 1944*

Überfordert war auch die Vorsorge für Verletzte. In 8 Bunkern und Stollen gab es Krankenhausanlagen, die sogar über eigene Strom- und Wasserversorgungen verfügten und in denen die Ärzte noch während der Angriffe operieren konnten. Die Kapazitäten schwankten zwischen 20 und 180 Betten, insgesamt konnten angeblich «einige hundert» Patienten versorgt werden, zuwenig für die fast 1000 Verletzten allein aus den Oktoberangriffen.

Als Trostpflaster konnte der Oberbürgermeister eine Lebensmittelsonderzuteilung erwirken, bestehend aus 125 Gramm Trinkschokolade für alle

99 *Einsatzbereitschaft in der Johann-Broweleit-Straße in Bruckhausen (heute Dieselstraße)*

100 *Bombentrichter in Meiderich, Hoher Weg*

Geringe Kürzung der Brotration

Am 16. Oktober d. J., dem Beginn der 68. Zuteilungsperiode, tritt eine geringfügige Senkung der Brotrationen ein. Sie beträgt bei Normalverbrauchern (einschließlich der Zulageberechtigten mit Ausnahme der Lang- und Nachtarbeiter) 200 gr die Woche, bei den Kindern bis zu 6 Jahren 100 gr die Woche. Außerdem wird die Zulage bei den Schwerstarbeitern um 100 gr je Woche gekürzt. Die Kürzung bei den Selbstversorgern beträgt ebenfalls 100 gr je Woche. Ungekürzt bleiben die Rationen der Kinder von 6 bis 10 Jahren, der Jugendlichen von 10 bis 18 Jahren sowie der Lang- und Nachtarbeiter. Nach der Neuregelung beträgt die Brotration bei den Normalverbrauchern künftig 2225 gr je Woche.

Die Zusammensetzung der deutschen Kriegsrationen hat im Laufe der Kriegsjahre verschiedentlich den wechselnden Ernteerträgen angepaßt werden müssen. Bei der Festsetzung der Rationen stand das Bestreben im Vordergrund, unter allen Umständen die tatsächliche Belieferung der auf den Karten festgesetzten Rationen sicherzustellen und bei Rationskürzungen nach Möglichkeit auf anderen Gebieten einen Ausgleich zu gewähren. So wurde im fünften Kriegsjahr in erheblichem Umfange zum Ausgleich für ge-

unter 18 Jahren, für Erwachsene 125 Gramm Kondensmilch, 50 Gramm Kaffee und eine halbe Flasche Trinkbranntwein. Im November gab es als Sonderzuweisung eine 5-Tages-Karte.
Konsequenz dieser Lage war der große Exodus, der erst jetzt wirklich begann, nicht nur als Folge der erneut propagierten Kinderlandverschickung. Es fehlte einfach an allem. Alle Reserven waren erschöpft, Leistungsfähigkeit und Widerstandskraft waren gebrochen. Bis Jahresende haben von den 280 000 Einwohnern, die es im Oktober noch gab, angeblich 50 000 die Stadt verlassen. Am 17.

101 *Wohnhäuser in Hamborn, Buschstraße*

> ringere Kartoffelrationen mit erhöhten Zuteilungen an Brot und Getreideerzeugnissen sowie Hülsenfrüchte und Reis ausgeholfen. In dem jetzt begonnenen sechsten Kriegsjahr bringt die Kartoffelernte wieder bessere Ergebnisse. Dagegen wird die Brotgetreideernte im ganzen zwar befriedigend sein, aber doch nicht unwesentlich hinter der Ernte des Vorjahres zurückbleiben. Dazu kommt, daß mit einem erheblichen Rückgang der Zufuhr gerechnet werden muß, während die Ansprüche der Verbraucher schon durch die Verstärkung der Rüstungswirtschaft und der Wehrmacht geringer sein werden. Diese Tatsache zwingt zu größter Sparsamkeit. Es geht darum, nicht nur die Rationen für das ganze Jahr sicherzustellen, sondern auch für den Übergang zum neuen Erntejahr die erforderlichen Reserven zur Verfügung zu haben. Um diese Reservebildung zu ermöglichen, die für die Sicherheit unserer Ernährung von besonderer Bedeutung ist, muß diese zweifellos geringe Kürzung in Kauf genommen werden. Die neue Brotration von 2225 g je Woche ist zwar um 175 g geringer als zu Beginn des Krieges, aber immerhin noch um 225 g höher als bei der bisher niedrigsten Ration, die vom 1.4. bis 19.10.1942 gegolten hat.
> *Duisburger Generalanzeiger 23./24.9.1944*

Mai 1939 hatte es noch 433 530 Einwohner gegeben, am 12. April 1945 waren es noch 141 000.
Bis Kriegsende hat Duisburg noch weitere 57 Luftangriffe erlebt, die weitere 876 Todesopfer forderten, weitere Zerstörung brachten und auch das notdürftig Wiederhergerichtete immer wieder außer Betrieb setzten. Am 8. Dezember setzte ein Bombenteppich, der ausschließlich dem Hauptbahnhof galt, die Anlagen für Monate fast völlig außer Betrieb, eine Woche später folgte der Ruhrorter Bahnhof. Am 11. Dezember wurden die Thyssenschen Gas- und Wasserwerke, die seit November die Versorgung des Hamborn-Walsumer Raumes wieder hatten aufnehmen können, erneut außer Betrieb gesetzt. Am 23. Januar traf es die ATH und wieder die Gas- und Wasserwerke, am 21. Februar nochmals das Rathaus.

102 *In Hamborn*

103 *Beeck. Die Bewohner versuchen, Reste ihrer Habseligkeiten zu retten.*

An die Duisburger Bevölkerung!
Unsere Stadt wurde am 14. und 15. Oktober 1944 von drei schweren Angriffen heimgesucht. Tausende von Volksgenossen sind dadurch obdachlos geworden, Tausende von Wohnungen wurden beschädigt. Trotz allem muß die Arbeit in den Betrieben weitergehen.
Es ist deshalb Pflicht für jeden Volksgenossen:
1. Wer im Arbeitseinsatz steht, muß sich sofort auf seiner Arbeitsstelle einfinden und hat sich bei seinem Betriebsführer, Betriebsobmann oder sonstigen Beauftragten zu melden. Diese Meldung muß in jedem Falle erfolgen, auch wenn die eigene Wohnung oder der Betrieb beschädigt oder zerstört ist. Wer die Meldung unterläßt, wird als Volksschädling angesehen und entsprechend behandelt.
2. Eine Abwanderung aus dem Bezirk darf nur mit vorheriger Genehmigung des Befehlsführers und des Arbeitsamtes erfolgen.
3. Es wird Vorsorge getroffen, daß jeder Volksgenosse, der seine Wohnung verloren hat und berufstätig ist, schnellstens eine behelfsmäßige Unterkunft erhält. Beschädigter Wohnraum wird nur in allernotwendigstem Umfange wieder hergestellt. Auf die Selbst- und Nachbarschaftshilfe wird besonders hingewiesen.
4. Ich erwarte von der Duisburger Bevölkerung, die noch über Wohnraum verfügt, daß sie in echt nationalsozialistischer Gemeinschaft auf engstem Raum zusammenrückt und in die Wohnung bombengeschädigte Berufstätige aufnimmt.
5. Nichtberufstätige, insbesondere Mütter mit Kindern werden aufgefordert, von den Verschickungsmöglichkeiten (NSV, Verwandtenhilfe usw.) Gebrauch zu machen. Alle NSV-Dienststellen und NSV-Unterkünfte nehmen Verschickungsanmeldungen entgegen.

Duisburg, den 17. Oktober 1944
Heil Hitler!
Loch, Kreisleiter

Duisburger Generalanzeiger 18.10.1944

Donnerstag, den 22. Februar 1945
Morgens zu Fuß zur Demag, da keine elektrische Bahn. Viele Brände, ich gehe durch Rauch und Qualm, mit Brille. Ein großer Teil der Bomben ist in die Ruinen gefallen, manches bisher noch Stehende zerstört, so die Überreste der Commerzbank; Eingang zur Dresdner Bank verschüttet. Von der Schweizer Straße ab liegt in der Mülheimer Straße Brandbombe neben Brandbombe. In Neudorf soll großer Schaden sein, ebenso in der Karl-Lehr-Straße (u. a. unsere ehemalige Wohnung). Bei der Demag nur Fensterschaden, aber dieser gründlich. Mein Büro liegt voll von Glasscherben und Schmutz. Nur ein kleiner Teil der Belegschaft ist erschienen. Da doch nichts zu tun ist, gehe ich wieder nach Hause. Nachmittags mehrere neue Alarme.

Erich Edgar Schulze «Aus Duisburgs dunkelsten Tagen» in: Duisburger Forschungen, Bd. 8

Der letzte Luftangriff fand am 26. März 1945 statt. Damit waren insgesamt 30 587 Sprengbomben, 1032 Luftminen und 766 546 Brandbomben auf das Duisburger Stadtgebiet gefallen. Und was Bomben und Flächenbrände haben stehen lassen, das wurde im März und April zum guten Teil noch von den Artilleriegranaten der anrückenden Amerikaner vernichtet.

104 *Getreidespeicher am Außenhafen, vormals «Brotkörbe des Ruhrgebietes».*

Augenzeuge

22.2.45. Heute muß ich diesem Heft bittere Sätze anvertrauen. Gestern Abend zwischen 11 und 12 Uhr fand ein sehr starker Angriff auf Duisburg statt, vielleicht der stärkste, der je über Duisburg, im besonderen über Neudorf hereinbrach.

Sonderbarerweise, oder vielmehr wunderbarerweise ging ich gestern Abend beim zweiten Vollalarm (der erste fand gegen 8 Uhr statt) zum Bunker (am Waisenhaus). Seit dem großen Angriff am 30.11.44 war ich nicht mehr im Bunker. Aber ein gewisses Etwas, ein unsicheres Gefühl sagte mir: geh heute zum Bunker. Und kaum war ich in demselben, als ein furchtbares Bombardement losging. Der gewaltige Bunker zitterte und das grausame Toben hielt ca. 50 Minuten an. Als entwarnt wurde, war infolge des vollständigen Verstopftseins des Bunkers nur langsam herauszukommen. Schon auf dem 1. Stock des Bunkers kam mir ein Einsatzmann aus der Heinestraße entgegen, der mir sagte, daß das Haus Nr. 19 brenne. Ich weiß nicht, wie ich mit meinem Koffer über die herausgerissenen Türen in meine Wohnung gekommen bin. Das obere Stockwerk brannte lichterloh. Durch zahlreiche Minen war in den Räumen alles durcheinandergerissen und die Möbel zum Teil zerstört worden. Da nur das helle Vollmondlicht unsere einzige Leuchte war, konnte man nur schwerlich die noch erhaltenen Möbel hinausschaffen. Die Familien der ersten Etage und des Hochparterre liefen mit geretteten Habseligkeiten durch die brennenden Trümmer; im Garten türmten sich die Sachen zu Bergen. Immer mächtiger schlugen die Flammen, das Nebenhaus stand bereits bis zum ersten Stock in Flammen. Die Koch- und Gasherde, die Badewannen stürzten mit brennenden Balken auf die Kellerdecke, die aber Gott sei Dank standhielt. Um die Kellerräume vor den Flammen zu schützen, rissen wir gemeinsam die Holzbekleidung des Treppenhauses bis zum Keller hinab herunter. Immer stärker wurden die glühenden herabstürzenden Massen von Stein und Holz. Die Familie der ersten Etage konnte nur noch ihre Kleider und das Bettzeug retten. Von den Leuten im Parterre rettete man noch manches Möbelstück, doch gingen Klavier und Kleiderschränke verloren. In meiner im Kellergeschoß gelegenen Wohnung wurde außer den schon genannten Schäden, die durch die ungeheure Spreng- und Luftdruckwirkung der Bomben verursacht wurden, keine größeren Schäden angerichtet. Aber die Wohnung selbst war furchtbar mitgenommen worden. Es herrschte ein unbeschreibliches Durcheinander, das noch durch die herunterfallenden Schuttmassen erhöht wurde. Bis frühmorgens 6 Uhr löschten wir unter Zuhilfenahme einer Luftschutzspritze im Treppenhaus, damit das Feuer nicht auf die Kellerräume übergriff. Glücklicherweise hatten wir in einiger Entfernung in einem Garten eine Saugpumpe stehen, die wir über Trümmerhaufen erreichten. – – –

Alles in allem eine schreckliche Nacht, die ich nie vergessen werde. – – Nun war ich wohnungslos...

4.3.45. Seit gestern bin ich einstweilen zu einer bekannten Familie in Wedau übergesiedelt...

Das Finale an der Westfront...

Am frühen Morgen des 8. Februar 1945 konnten die Duisburger in der Ferne ein Donnern und Grollen vernehmen, das neuartig war und offenbar nicht von Bombenangriffen auf eine Nachbarstadt herrührte. Es war der Widerhall des größten Artilleriebombardements, das im Krieg veranstaltet worden war, und es wurde von den Duisburgern richtig gedeutet: der Anfang vom Ende des Krieges im Westen war gekommen, die Briten und Amerikaner setzten zur Großoffensive in Richtung auf Rhein und Ruhr an.

Am 6. Juni 1944, dem «D-Day», waren die alliierten Streitkräfte in der Normandie gelandet. In 96 Tagen stießen sie unter ihrem Oberbefehlshaber, General Eisenhower, quer durch Frankreich bis zur deutschen Grenze vor. Am 21. Oktober wurde Aachen, dessen Verteidigung Goebbels zu einem Fanal des deutschen Widerstandswillens hatte machen wollen, nach schwerem Bombardement durch Luftwaffe und Artillerie von den Amerikanern genommen. Bis Anfang Dezember wurde die deutsche Front bis zur Rur (Roer) zurückgedrängt. Zur gleichen Zeit standen sowjetische Verbände an der Weichsel. Die «Festung Deutschland», zu der Hitlers «Festung Europa» im Laufe des Jahres 1944 zusammengeschrumpft war, war aufs Höchste gefährdet.

Hitler beschloß, noch einmal alles auf eine Karte zu setzen und unter Aufbietung aller Kräfte den Westmächten einen entscheidenden Schlag zu versetzen, um sie für einen Friedensschluß «weich» zu machen und womöglich die gegnerische Koalition zum Auseinanderbrechen zu bringen. «Wenn hier noch ein paar ganz schwere Schläge folgen, so kann es jeden Augenblick passieren, daß diese künstlich aufrechterhaltene gemeinsame Front plötzlich mit einem riesigen Donnerschlag zusammenfällt», erläuterte er seinen Generälen. Obwohl insbesondere auch der Oberbefehlshaber der Westfront, Generalfeldmarschall Gerd von Rundstedt, heftig widersprach und erläuterte, daß die verbliebenen deutschen Kräfte für eine Großoffensive bei weitem nicht ausreichten, befahl Hitler für den 16. Dezember den Beginn der «Operation Herbstnebel», wie der Deckname für die Ardennenoffensive lautete.

Rundstedt sollte Recht behalten: der Angriff kam, trotz der anfänglichen Überraschung der Alliierten, nur mühsam voran und blieb nach wenigen Tagen stecken, als das besser gewordene Wetter die deutschen Panzerspitzen den Angriffen der alliierten Jagdbomber aussetzte. Am 3. Januar 1945 gingen die Amerikaner zum Gegenangriff über und gingen die entstandene Frontausbuchtung («The Bulge») von Norden und Süden zugleich in einer Art Zangenbewegung an, am 16. Januar schloß sich die Zange bei Houffalize, bis Ende Januar waren die Ausgangsstellungen wieder erreicht. Die Großoffensive, die die Wende einleiten sollte, war kläglich gescheitert, hatte schwere Verluste an Menschen und Material gekostet, die vorläufig nicht ersetzt werden konnten, und hatte doch nicht mehr erreicht, als daß das Vorrücken der Alliierten um einige Wochen verzögert wurde.

Kampfkraft und Kampfmoral der Westfront waren nachdrücklich geschwächt. Ohnehin verfügte Rundstedt nur noch dem Namen nach über drei Großverbände, die in Wahrheit bereits auf ein Drittel ihrer Sollstärke zusammengeschrumpft waren: im Süden die Heeresgruppe G unter Generaloberst Paul Haußer, anschließend zwischen Trier und Roermond die Heeresgruppe B unter Generalfeldmarschall Walter Model, und schließlich im Norden, an der unteren Maas und dem unteren Niederrhein, die Heeresgruppe H unter Generaloberst Johannes Blaskowitz. An dessen linkem Flügel im Raum Kleve stand General Alfred Schlemm, der Befehlshaber der 1. deutschen Fallschirmjägerarmee.

Gegen Schlemms Fallschirmjäger richtete sich zu-

105 *Die Admiral-Scheer-Brücke wurde am 4. März 1945 als letzte der fünf Duisburger Rheinbrücken gesprengt.*

nächst der Angriff vom 8. Februar, die Operation «Veritable», die von britischen und kanadischen Einheiten unter der Leitung von Feldmarschall Bernard Montgomery vorgetragen wurde. Beabsichtigt war, sämtliche deutschen Streitkräfte westlich des Rheins zu vernichten, dann Brückenköpfe über den Strom zu gewinnen, das dicht besiedelte «Industriedickicht» des Ruhrgebiets in einer weiträumigen Umfassungsoperation vom Niederrhein und vom Frankfurter Raum her zu umschließen, um dann den Sowjets möglichst rasch in Norddeutschland entgegenzustoßen, um vor ihnen die deutschen Seehäfen zu erreichen und für die Alliierten sichern zu können.

Zunächst jedoch wollte Montgomery vom Raum Kleve aus linksrheinisch nach Südosten vorstoßen, während die ihm vorübergehend gleichfalls unterstellte 9. US-Armee unter Generalleutnant William Simpson im Raum Düren über die Ruhr gehen und nach Nordosten vorrücken sollte, um bei Krefeld die Zange zu schließen und das linke Rheinufer von deutschen Truppen zu säubern. Gegen den verbissenen Widerstand von Schlemms Fallschirmjägern kamen die anglo-kanadischen Truppen nur mühsam voran. In blutigen Gefechten am Reichswald westlich Kleve mußten sie schwere Verluste hinnehmen. Zehn Tage brauchte es für einen Geländegewinn von 20–25 Kilometern. Kleve fiel am 21. Februar, Goch, Kalkar, Xanten wurden schwer zerstört.

Während dessen stand weiter südlich die 9. US-Armee Simpsons untätig an der Rur. Deutsche Pioniere hatten die Urfttalsperre geöffnet und die Ruhr überschwemmt. 14 Tage dauerte es, bis die Wassermassen abgeflossen waren. Erst am 23. Februar konnte es Simpson wagen, die Operation «Grenade», die Überquerung der Ruhr, zu starten. Dann aber ging es rasch. Am 2. März bereits erreichte er den Rhein südlich Düsseldorf, am nächsten Tag konnte er sich bei Geldern mit Montgomerys Einheiten vereinigen.

Die vom Führer selbst stammende Anweisung sah vor, das linke Rheinufer mit äußerster Verbissenheit zu verteidigen. Rundstedts Bitte, die Truppen über den Rhein zurücknehmen zu dürfen, um dort eine neue Verteidigungsstellung aufzubauen, wurde rundweg abgeschlagen. Es sollte um jeden Preis ein Brückenkopf von Krefeld bis Wesel gehalten werden, um die Kohle- und Stahlverschiffung über den Rhein-Herne- und den Dortmund-Ems-Kanal nach Innerdeutschland zu sichern, die angesichts des gestörten Bahnverkehrs von besonderer Bedeutung war. Darum mußten die Brücken «strengstens» bewacht werden. Kein Mann, kein Geschütz durfte ohne ausdrücklichen Befehl übersetzen. Schlemm wußte, daß er mit seinem Kopf für die Einhaltung dieses Befehls haftete. Dennoch wurden seine Fallschirmjäger von Süden her Stück für Stück aufgerollt. Ein Brückenkopf nach dem andern fiel. Am 2. März wurden Neuß und Krefeld genommen. Die Schiffahrtslinie, die geschützt werden sollte, lag bereits in Reichweite der feindlichen Artillerie. Am 4. März erreichten Simpsons Truppen Orsoy, am 6. wurden Homberg und Rheinhausen besetzt. Am 4. März wurden auch alle fünf Duisburger Rheinbrücken gesprengt, als letzte die Admiral-Scheer-Brücke Duisburg-Homberg.

Die Rheinbrücken waren nicht ohne Grund Schlemms größte Sorge. Hitler hatte allen am Rhein eingesetzten Pionieroffizieren die Exekution angedroht, falls die Brücken, für die sie ver-

«Kampf den Panzerspitzen»
Der Feind auf Heimatboden

Wie die Fangarme eines großen Polypen tasten die Panzerspitzen, wieder einmal hier und dort vorstoßend, in den deutschen Raum. Diese Spitzen sind wie ein feinfühliger Nerv, der an die Zentrale nach hinten seine Nachrichten gibt über unsere Widerstandskraft, über unsere Stärke und unsere Schwäche. Diese Spitzen sind es, die den Weg weisen für den anzusetzenden Angriff. Darum sind sie so gefährlich, nicht weil ihrer eigenen Kampfkraft die Bedeutung beizumessen wäre, sondern weil sie andere nach sich ziehen.

Ihnen gilt daher vor allem der Kampf, auf sie muß sich jeder stürzen, der eine Waffe trägt, sie gilt es zu vernichten und damit den Gegner in seiner großen Führung unsicher und blind zu machen. Mag hier und dort die eigene Kraft gering erscheinen, eine Panzerfaust wird zur Stelle sein, und es gibt wohl keinen wahrhaften Deutschen mehr, der inzwischen nicht alles getan hat, um die Panzerfaust bedienen zu lernen. Die Panzerspitze des Feindes ist nicht nur waffenmäßig schwach, für sie ist auch das Gelände fremd, immer wieder fürchtet sie, auf plötzlichen Widerstand zu stoßen oder in eine Falle gelockt zu werden. Diese Unsicherheit gilt es mit allen Mitteln zu verstärken. Wir selbst stehen auf unserem Heimatboden, kennen Weg und Steg, sind in der Lage, die zusammenzurufen, die Manns genug sind, Sperren aufzubauen und zu verteidigen. Denn auch das Aufhalten bedeutet schon einen entscheidenden Erfolg. Ein Grundsatz, den der Kampf gegen die Panzer die Soldaten draußen gelehrt hat, muß auch für jeden in der Heimat zu lebendiger Erkenntnis werden, «wer flieht, fällt!»

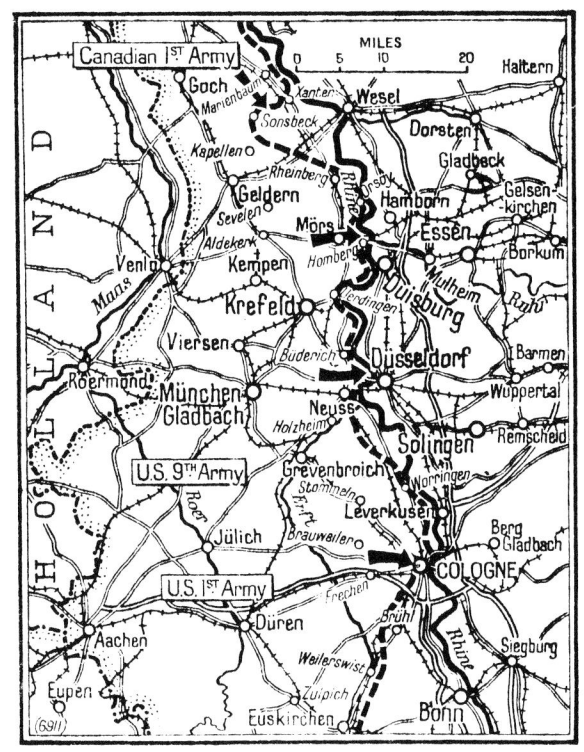

106 Die Frontlage am 6. März 1945 – Karte «THE TIMES»

Leitsätze
1. Vorstoßende Panzerspitzen sofort melden!
2. Alle Volkssturmmänner verteidigen die rechtzeitig angelegten Sperren!
3. Panzerfäuste bereithalten und den Beherzten in die Hand geben!
4. Sind die Panzer vorbeigerollt, die auf LKS's aufgesessene Infanterie abtrennen und bekämpfen!
5. Versorgungsfahrzeuge, die oft einzeln nachfahren, vernichten!

Duisburger Generalanzeiger
5.3.1945

---

antwortlich waren, unzerstört in die Hand des Feindes fielen. Er pflegte solche Drohungen wahrzumachen. Und da die linksrheinischen Stützpunkte bis zuletzt gehalten werden mußten und möglichst viele Truppen noch über den Strom in Sicherheit gebracht werden sollten, standen die Offiziere vor der undankbaren Aufgabe, die Brücken buchstäblich in letzter Minute sprengen zu müssen. Bei

Leverkusen waren die ersten amerikanischen Panzer bereits auf der Brücke, als die Sprengladungen hochgingen.

Die Krefeld-Uerdinger Brücke versuchten die Amerikaner mit zwei Stoßtrupps im Handstreich zu nehmen, wurden jedoch von deutschen Fallschirmjägern unter Oberstleutnant Liebing in ein erbittertes Gefecht verwickelt, aus dem sich Liebing schließlich in Richtung Rheinhausen zurückziehen mußte, nachdem die Uerdinger Brücke zerstört worden war. In der Zwischenzeit war jedoch auch die Rheinhausener Brücke den Sprengkommandos deutscher Pioniere zum Opfer gefallen. Nur einem Teil der abgeschnittenen Soldaten gelang es, mit Sturm- und Schlauchbooten das rettende Ufer zu erreichen, der Rest mußte in ein Bergwerk abfahren und sich durch einen Stollen unter dem Strom hindurch in Sicherheit bringen.

Um die Homberger Brücke gab es noch heftige Auseinandersetzungen auf deutscher Seite. Nachdem Schlemm bereits den Befehl zur Sprengung gegeben hatte, traf noch ein deutscher Panzerverband unter Oberst Mauke in Homberg ein, der übersetzen wollte. Ein Brückenkommando wollte Mauke den Übergang verweigern. Der erklärte, er sei Generalfeldmarschall Model unterstellt und nicht Schlemm und er verbot die Zerstörung. Unterdessen wurde Schlemm unruhig, als die Meldung über die vollzogene Sprengung ausblieb, und drohte jeden zu erschießen, der die Sprengung verzögere. Nur schwer konnte sich der Oberst durchsetzen. Als er die Rückführung und die Umstände seinem Divisionschef Generalleutnant Rodt meldete, antwortete der: «Wenn die Brücke jetzt nicht gesprengt wird, hänge ich morgen.»

Die letzte der insgesamt 44 Brücken, die in Montgomerys Frontabschnitt gesprengt wurde, war die Eisenbahnbrücke von Wesel, wo die Reste von neun Divisionen zusammengedrängt worden waren. In der Nacht zum 10. März wurden sie auf das rechte Ufer zurückgenommen. Um 7.10 Uhr detonierten die Sprengladungen. 31 Tage nach Beginn der Operation «Veritable» war das gesamte linke Rheinufer von Emmerich bis Neuß in alliierter Hand. 53 000 deutsche Soldaten waren in Gefangenschaft geraten, 12 000 gefallen oder verwundet.

Am gleichen 10. März hatte auch die 3. US-Armee unter Befehl von Generalleutnant George Patton den Rhein erreicht und den an Montgomerys Abschnitt anschließenden Bereich bis Koblenz besetzt. Bis zum 25. März, als die letzten deutschen Brückenköpfe bei Karlsruhe aufgegeben wurden, war auch die dritte Phase des Marsches auf den Rhein beendet. Seit dem 8. Februar hatten die Deutschen ein Drittel der Streitkräfte der Westfront eingebüßt. 293 000 waren in Gefangenschaft, 60 000 gefallen oder verwundet. Vor allem aber hatte Montgomery völlig planmäßig die Ausgangsbasis für die vorgesehene Umfassung des Ruhrgebiets von Nord und Süd gewonnen. Wie die Sowjets zum Sprung über die Oder ansetzten, so die Westalliierten zum Sprung über den Rhein.

Diese letzte Verteidigungslinie hatte bereits ein Loch. Am 5. März hatte die 1. US-Armee unter Leutnant Hodges das fast völlig zerstörte Köln erreicht, das nur von Volkssturmeinheiten schwach verteidigt wurde und nach zwei Tagen genommen war. Eine von Hodges Panzerspitzen schwenkte nach Süden und erreichte am 7. März den Rhein bei Remagen. Zur Verblüffung der Amerikaner war die Ludendorff-Eisenbahnbrücke noch intakt. Die Verteidiger erwarteten eine deutsche Einheit, die vor der Sprengung noch übersetzen sollte. Von den plötzlich auftauchenden amerikanischen Pan-

107 *Feldmarschall Montgomery, Befehlshaber des britischen Kontingents der Alliierten, bespricht mit General Simpson, Kommandeur der 9. US-Armee, das gemeinsame Vorgehen gegen die eingekesselten deutschen Verbände im Ruhrgebiet.*

zern überrumpelt und in Deckung gezwungen, konnten sie die vorbereitete Sprengung nicht mehr durchführen, sondern nur noch zwei improvisierte Ladungen zünden, die die Brücke nur unzureichend beschädigten. Hodges, der zunächst unsicher war, ob er diesen «außerplanmäßigen» Glücksfall überhaupt nutzen durfte, ohne Montgomerys Planung zu stören, entschloß sich gleichwohl zum Angriff und konnte auf dem rechten Ufer einen schwachen Brückenkopf bilden. Erst danach nahm er Rücksprache mit seinen Vorgesetzten. Eisenhower selbst ermächtigte ihn, die Divisionen, die vor Köln wegen des unerwartet schwachen Widerstandes nicht gebraucht worden waren, in den folgenden Tagen hinüberzuwerfen. Alle Versuche der Deutschen, die Brücke zu zerstören, scheiterten solange, bis der Brückenkopf stark genug war, um sich halten zu können. Als sie schließlich einstürzte, hatten die amerikanischen Pioniere bereits weitere Übergänge daneben gebaut.

Hitler war aufs Äußerste aufgebracht über die Nachricht. Vier der Offiziere, denen er die Panne zur Last legte, ließ er unverzüglich als «die Verräter von Remagen» durch ein «Sonderstandgericht West» aburteilen und hinrichten. Außerdem nutzte er die Gelegenheit, Rundstedt als Oberbefehlshaber West abzulösen, zumal sich dieser ohnehin durch «defätistische» Neigungen und Kritik an Hitlers Operationsführung unbeliebt gemacht hatte. Nachfolger wurde am 10. März Feldmarschall Alfred Kesselring, der von der italienischen Front abkommandiert wurde.

Der zweite Rheinübergang gelang in der Nacht zum 23. März Pattons 3. US-Armee an einer fast ungedeckten Stelle bei Oppenheim südlich Mainz. Mit diesem zweiten Brückenkopf war eine ausreichende Ausgangsbasis für die geplante südliche Umfassung des Ruhrgebietes gegeben. Die Schaffung des nördlichen Ausgangspunktes folgte einen Tag später. Montgomery hatte die Rheinüberquerung bei Wesel, die Operation «Plunder», sorgfältig geplant. Nach den bittern Erfahrungen von Arnheim wollte er jedes Risiko ausschließen, zumal er einen ähnlich verbissenen Widerstand erwartete wie am Reichswald vor Kleve. Er war sich bewußt, daß dieser gleichsam «offizielle» Übergang, der nicht wie die Brückenköpfe von Remagen und Oppenheim mehr durch einen glücklichen Zufall möglich wurde, einen hohen Symbolwert hatte und die entscheidende Phase der Zerschla-

> «Die 21. Heeresgruppe wird jetzt den Rhein überschreiten. Vielleicht fühlt sich der Feind hinter diesem großen Hindernis noch sicher. Nun, wir geben gern zu, daß es ein großes Hindernis ist, aber wir werden ihm zeigen, daß er dahinter alles andere als sicher ist. Die große Dampfwalze der Alliierten, ihre vereinigten Land- und Luftstreitkräfte werden den Beweis dafür in aller Deutlichkeit führen.
> Und sind wir erst jenseits des Rheins, werden wir wie ein Unwetter über die Norddeutsche Tiefebene dahinbrausen und den Feind vor uns herjagen, daß ihm Hören und Sehen vergeht. Je schneller und energischer unser Ansturm ist, desto eher wird der Krieg zu Ende sein. Denn das ist es ja, was wir wollen: fertig werden mit dieser Sache und dem Krieg in Deutschland ein Ende machen.
> Also auf über den Rhein! Und Weidmannsheil euch allen auf der anderen Seite.»
> *Feldmarschall Montgomery am 23. 3. 45 an seine Soldaten.*

gung der Westfront einleiten würde. Daher hat er sich auch energisch allen abweichenden Planungen der mehr improvisierend vorgehenden Amerikaner widersetzt.

Als die 9. US-Armee den Rhein bei Düsseldorf viel früher erreichte als vorgesehen, rief Generalmajor Raymond McLain seinen Vorgesetzten Simpson an und erklärte, er habe «eine schöne Stelle zum Übersetzen gefunden, nördlich von Düsseldorf, unter Bäumen versteckt». Da bis zum 1. März Hitlers striktes Verbot Geltung hatte, hinter dem Rhein eine Verteidigungslinie aufzubauen, war die Gelegenheit günstig. Simpson schlug Montgomery vor, mit 7 seiner «untätigen» Divisionen zwischen Düsseldorf und Duisburg einen Vorstoß über den Rhein zu versuchen. Aber Montgomery beharrte auf seinen sorgfältig kalkulierten und vorbereiteten Planungen, was vermutlich Duisburg das Schicksal ersparte, wie Kleve, Goch und Wesel im Nahkampf völlig zerstört zu werden.

Am 23. März war es dann soweit. 29 Divisionen und eine Viertelmillion Tonnen Material waren am Westufer des Stromes gegenüber Wesel konzentriert. 59000 Pioniere standen in Bereitschaft, um die notwendigen Brücken über den Strom zu schlagen, zahlreiche Flugzeuge waren hinter der Front zusammengezogen worden, um eine Luftlandeoperation vorzubereiten, ähnlich der in der Normandie am «D-Day». Seit Wochen schon waren systematische Bombardierungen der wichtigen Verkehrsknotenpunkte in den angrenzenden Gebieten vorausgegangen, die die Nachschubverbindungen des Gegners unterbrechen sollten. Einige Ruhrgebietsstädte erlebten bei der Gelegenheit die schwersten Luftangriffe des ganzen Krieges. Seit Tagen lag ein 50 Kilometer langer künstlicher Nebelvorhang über dem Rhein, der die genaue Stelle des Übergangs verschleiern sollte. Der Bedeutung des Unternehmens entsprechend hatten sich auch die Oberbefehlshaber Eisenhower und Churchill eingefunden.

In der Nacht zum 24. März, nach stundenlangem Trommelfeuer aus 2000 Geschützen und ununterbrochenen Jagdbombenangriffen setzen die ersten britischen Einheiten bei Wesel über den Strom. Am Morgen startete das Unternehmen «Varsity»: zwei Luftlandedivisionen mit fast 6000 Flugzeugen gingen nördlich von Wesel nieder. Nach drei Tagen waren 12 Brücken geschlagen. Der Brückenkopf wurde rasch erweitert, bis Ende März reichte er von Emmerich über Bocholt, Haltern und Dorsten bis zu den nördlichen Stadtteilen von Duisburg. Am 27. März standen Panzerspitzen vor Hamborn und rückten, ohne auf Widerstand zu stoßen, in die Stadt ein, stießen aber nicht über die Ruhr vor.

Dem massierten Einsatz von Menschen und Material hatten die Deutschen nur wenig entgegenzusetzen. Der Brückenkopf von Remagen hatte sie gezwungen, die wenigen verbliebenen Ressourcen schwerpunktmäßig dort zu konzentrieren, wodurch die übrigen Frontabschnitte weitgehend entblößt wurden. «Nur das Fronthindernis des Rheins hatte verhindert, daß die Heeresgruppe schon jetzt aufgehört hatte zu bestehen. Die nutzlosen Kämpfe auf dem Westufer hatten den letzten Schein von Kampfkraft zerstört. Es fehlte an allem, nicht nur an Panzern, Artillerie, Fahrzeugen aller Art. Große Versorgungslager waren auf dem Westufer verloren gegangen, es mangelte ebenso an leichten und schweren Infanteriewaffen, an Nachrichtengerät wie an den primitivsten Ausrüstungsstücken. Die Galgenfrist, die der Angreifer dem Verteidiger ließ, gewährte auch nicht mehr die Auffrischungsmöglichkeiten wie bisher. «Alle Quellen flossen immer spärlicher», erinnert sich der Chef des Generalstabes der Heeresgruppe B, Carl Wegener. Auf den Kilometer Front kamen 15 Mann, 0,3 Rohre Artillerie und 0,04 Pak. «Die Fülle der Aufgaben steht im umgekehrten Verhältnis zu den vorhandenen Kampfmitteln», meinte der Oberbefehlshaber West, Kesselring. Die Alliierten drangen rasch am nördlichen Rand des Ruhrgebietes nach Osten vor.

Um dieselbe Zeit hatte Patton, von Oppenheim ausgehend, den Main bei Aschaffenburg überquert, Hodges stieß vom Remagener Brückenkopf bis zur Lahn vor und holte zur Umfassung des Ruhrgebietes aus. Beide vereinigten sich im Raum Gießen. Am 1. April stießen sie bei Lippstadt auf Montgomerys Einheiten. Models gesamte Heeresgruppe B mit 21 Divisionen war im «Ruhrkessel» eingeschlossen. Der Antrag auf rechtzeitige Räumung war von Berlin abgelehnt worden.

Models Lage war aussichtslos. Mit 250000 Mann, zu denen noch 100000 Mann Flakeinheiten kamen, war er auf einem Gebiet von 50 x 120 Kilometern zusammengedrängt, zusammen mit Millionen Zivilisten, die mit Lebensmitteln versorgt werden mußten. Die Verteidigung des von Hitler zur «Festung» erklärten Ruhrgebiets war ein Ding der Unmöglichkeit. Mehrere Ausbruchversuche schlugen fehl. Ebensowenig gelang es, den Ring von außen aufzubrechen und Model zu entsetzen. Unaufhörliche Luftangriffe und Vorstöße der Angreifer zermürbten den Widerstand rasch. Am 14. April wurde der Kessel in zwei Teile gespalten, als die Angreifer, von Norden und Süden zugleich vorstoßend, sich bei Hagen trafen. Hitlers Befehl, daß beide Teile sich unverzüglich wieder vereinigen sollten – ein Befehl, der wie die meisten seiner Befehle in dieser Zeit die militärischen Realitäten völlig verkannte –, hat Model gar nicht erst weitergegeben.

Dennoch kam Kapitulation für ihn nicht in Frage. Dem amerikanischen Offizier, der ihn dazu aufforderte, beschied er, er sei an seinen Eid auf Hitler gebunden. Zugleich aber hielt er es für seine Pflicht, dem vollends sinnlos gewordenen Blutvergießen ein Ende zu machen. Seine Lösung des Dilemmas war verblüffend: er befahl, daß die gesamte Heeresgruppe B sich nach 72 Stunden selbst auflösen sollte. Noch am selben Tag sollten die Kommandeure sehr junge und alte Soldaten entlassen, damit sie als Zivilisten zu ihren Familien zurück-

108 *Nur eine Rheinbrücke fiel den Amerikanern unversehrt in die Hände: Die Ludendorff-Eisenbahnbrücke bei Remagen. Am 7. März 1945 wurde sie von einer Einheit der 1. US-Armee erobert. Vergeblich versuchten die Deutschen, die Brücke zu zerstören.*

kehren könnten. In bezug auf sein eigenes Schicksal meinte er: «In früheren Zeiten nahmen sie Gift.»
Für den östlichen Kessel kam sein Befehl zur Selbstauflösung zu spät. Er wurde am 15. April überrannt. 80 000 Mann gingen in Gefangenschaft. Am 17. April löste sich der westliche Kessel auf, ohne kapituliert zu haben. 325 000 Soldaten und 30 Generäle wurden gefangengenommen. Am 21. April erschoß sich Generalfeldmarschall Model im Duisburger Wald nahe der Wedau.
Neun Tage zuvor hatten die Amerikaner die Elbe bei Magdeburg erreicht, vier Tage darauf stießen sie bei Torgau auf sowjetische Verbände. Am 30. April um 15.30 Uhr erschoß sich Adolf Hitler. In der Nacht zum 9. Mai um Mitternacht schwiegen an allen Fronten die Waffen. Der Krieg war vorbei.

«Kampfkraft der Truppe läßt Fortsetzung des Kampfes im Ruhrkessel noch für zwei Wochen zu. Ist innerhalb dieser zwei Wochen Entsatz von außen nicht mit Sicherheit durchzuführen, bedeutet das den Ausfall der Heeresgruppe. Nach Ausfall der letzten Versorgungsgüter, besonders Betriebsstoff und Munition, ist ein Ausbruch nicht mehr möglich. Wir bitten deshalb erneut und dringend um Befehl zum sofortigen Ausbruch unter völliger Freigabe von Rhein und Ruhr.»

Meldung Generalfeldmarschall Models an den Oberbefehlshaber West, Kesselring, 5. 4. 1945

... und in Duisburg

Für Duisburg war der Krieg schon vier Wochen zuvor zu Ende gegangen. Als am 8. Februar der Geschützdonner der Operation «Veritable» zu hören war, wußte man, daß es nicht mehr lange dauern konnte, bis die «Amis» auch in Duisburg sein würden. Wie es der Stadt bis dahin ergehen würde, hing von zwei Entscheidungen ab: der Entscheidung der Amerikaner, wo sie über den Rhein gehen würden, und der Entscheidung der deutschen Führung, ob die Stadt kampflos dem Feind überlassen oder zur «Festung» erklärt und bis zuletzt verteidigt werden sollte. Über die letzte Frage schien die Ungewißheit bald behoben, als an den wichtigen Straßenkreuzungen rotumrandete Holzschilder mit der Aufschrift «SP» erschienen: Markierungen für Panzersperren. Man begann sich vorzubereiten.
Die Verteidigung des Duisburger Stadtgebietes lag in zwei verschiedenen Händen. Die Teile nördlich der Ruhr gehörten zum Verteidigungsbereich des Fallschirmjägerarmeeoberkommandos Schlemm, Duisburg südlich der Ruhr fiel in den Bereich der 5. Panzerarmee, die Teil der Heeresgruppe B war. Vom Aufbau einer organisierten Front hinter dem Rhein konnte allerdings keine Rede sein. Bis zum 1. März galt Hilters Verbot einer Rheinverteidigung. Erst als sich der Feind auf 20 Kilometer dem Rhein genähert hatte, durfte mit dem Aufbau einer Rheinsicherung begonnen werden, zu spät, um noch zu wirksamen Ergebnissen zu führen, spät genug, um der Bevölkerung das Schicksal zu ersparen, in der unmittelbaren Kampflinie zwischen den Fronten zerrieben zu werden. «Der Stellungsausbau am Rhein war über die ersten Anfänge nicht hinausgekommen ... Ein Stellungssystem in der Tiefe auf dem Ostufer bestand überhaupt nicht. Eine zweite Stellung entlang der Autobahn sollte in Angriff genommen werden; doch selbst den Baukräften fehlten die einfachsten Werkzeuge wie Hacke und Spaten.»

Zu den Vorbereitungen für die «letzte Stunde» gehörte auch ein Befehl Hitlers vom 25. September 1944: im gesamten Reichsgebiet sollten aus allen waffenfähigen Männern zwischen 16 und 60 unter Führung von bewährten Männern der Partei der «Deutsche Volkssturm» gebildet werden. Deutschland stehe, so erklärte Hitler in dem Erlaß, durch das «Versagen aller unserer europäischen Verbündeten» wie im Herbst 1939 dem Feind allein gegenüber, und wie damals sollte der neuerliche Einsatz der deutschen Volkskraft den Feind solange vom Reich fernhalten, «bis ein die Zukunft Deutschlands ... und damit Europa sichernder Friede gewährleistet» sei. «Während nun der Gegner glaubt, zum letzten Schlag ausholen zu können, sind wir entschlossen, den zweiten Großeinsatz unseres Volkes zu vollziehen ... Dem uns bekannten totalen Vernichtungswillen unserer jüdisch-internationalen Feinde setzen wir den totalen Einsatz aller deutschen Menschen entgegen. Zur Verstärkung der aktiven Kräfte unserer Wehrmacht und insbesondere zur Führung eines unerbittlichen Kampfes überall dort, wo der Feind deutschen Boden betreten will, rufe ich daher alle deutschen waffenfähigen Männer zum Kampfeinsatz auf.» In Duisburg wurden die ersten Volkssturmmänner am 12. November im Rahmen einer Heldenehrung auf dem Waldfriedhof vereidigt, in Anwesenheit des Führers des Volkssturms Ruhr und Standortältesten der Wehrmacht, Standartenführer Engel, und des Stellvertretenden Gauleiters Schleßmann.
Den Umgang mit der Waffe sollten ehemalige Wehrmachtsangehörige, genesende Soldaten und von der Truppe abgestellte Offiziere vermitteln. Bis zum 31. März 1945 sollte die Ausbildung abgeschlossen sein. Als es soweit war, war die Ausbildung praktisch gleich Null, es fehlte an Waffen und Munition und vor allem am Einsatzwillen zu einer Zeit, wo die Sinnlosigkeit des Unternehmens nur wenigen noch verborgen blieb. Der Kampfwert des

Volkssturms war daher gering, in Duisburg beschränkte sich sein Einsatz weitgehend auf die Errichtung von Panzersperren und Verschanzungen am Rheinufer.

Eine weitere «Vorbereitungsmaßnahme» war die Einsetzung von Standgerichten gegen «Miesmacher» und «Defätisten». Kreisleiter Wilhelm Loch bekam maßgeblichen Einfluß auf die Zusammensetzung dieser Gerichte und verstand es, Leute dafür zu finden, von deren unerschütterlichen Linientreue er überzeugt sein konnte und von denen er Urteile erwarten durfte, die in Berlin Billigung fanden. «Zersetzung der Volksmoral» war ein todeswürdiges Verbrechen und wer an den «Endsieg» nicht mehr glauben mochte, war gut beraten, dies für sich zu behalten.

Der Februar ging in Unruhe dahin. Zu den «gewohnten» Bombenangriffen kamen jetzt immer häufiger Tiefflieger, die mit Bordwaffen auf alles schossen, was sich bewegte. Als notdürftigen Schutz hatte man im freien Gelände entlang der Straßen alle 50 Meter sogenannte Ein-Mann-Löcher ausgehoben. Die Flak litt unter Munitionsmangel und gab nur noch Warnschüsse ab, wenn die Sirenen ausgefallen waren.

Als in den ersten Märztagen Mönchen-Gladbach, Neuß und Krefeld besetzt wurden, wußte jeder, jetzt ging es los. Am Abend des 3. März gingen die ersten Granaten in der Nähe der Haus-Knipp-Brücke nieder. In der folgenden Nacht um 1.00 Uhr begann die systematische Beschießung der Stadt durch amerikanische Artillerie, die südlich von Rheinhausen in Stellung gegangen war und

> «Volkssturm der Ortsgruppe Hochfeld.»
> Alle Angehörigen des Deutschen Volkssturms der Ortsgruppe Duisburg-Hochfeld haben sich am Sonntag, dem 4. März zum Volkssturmdienst auf dem Appellplatz am Böninger-Park zu melden. An dem Dienst haben auch diejenigen teilzunehmen, welche glauben, unter den Führerbefehl vom 21. Januar 1945 zu fallen, soweit sie nicht durch eine Bescheinigung ihres Betriebsführers nachweisen, daß sie Arbeiten von höchster Dringlichkeit zu verrichten haben oder durch Krankheit verhindert sind. Säumige werden in jedem Falle zur Rechenschaft gezogen. Etwaiger Wohnungswechsel infolge Bombenschadens ist der Ortsgruppe anzuzeigen.
> *Nationalzeitung 1.3.1945*

sich auf das Hafengebiet, Meiderich, den Ruhrschnellweg und das Gebiet um die Wedau einschoß. Die Bevölkerung reagierte beinahe mit einer Art Erleichterung, stand doch das Ende des Krieges unmittelbar bevor. Daß der tägliche Artilleriebeschuß noch für Wochen das Leben bestimmen und das Ende des Krieges noch mehr als einen Monat auf sich warten lassen würde, ahnte niemand.

Um 6.00 Uhr morgens wurde der Volkssturm zusammengerufen. Die vorbereiteten Panzersperren wurden geschlossen und weitere improvisierte Barrikaden errichtet, die zumeist aus gefällten Bäumen, Balken, Eisenträgern und Trümmerschutt in aller Eile zusammengezimmert wurden. Eine Handvoll Volkssturmleute mit ein paar Panzerfäusten stellten die Besatzung dar, denen die Verteidigung dieser Anlagen oblag. Über deren militäri-

> «Der Gauleiter und Reichsverteidigungskommissar hat für den Reichsverteidigungsbezirk Essen auf Grund der Verordnung des Reichsministers der Justiz vom 15. Februar 1945 das Standgericht errichtet.»
> *Nationalzeitung 27.2.1945*

109 *Die «Uniform» des Volkssturmmannes. Woher in den letzten Monaten die Materialien zu nehmen waren, war unerfindlich. Oft konnte nicht einmal die Armbinde gestellt werden, die den Volkssturmmann nach internationalem Recht als Kombattanten kennzeichnete.*

Einkleidung des Volkssturmmannes
der Stolz der deutschen Frau!

I. Seine Ausrüstung:

1. Feldmütze
2. Armbinde
3. Anzug
4. Koppel
5. Rucksack
6. Brotbeutel
7. Stiefelgamaschen
8. Wickelgamaschen
9. Sporthemd

II. Die Beschaffung derselben:

Feldmütze und Armbinde wird gestellt. Der Anzug aus eigenem Bestand von der Handwerker- und Schneiderinnung umgearbeitet. Rucksack, Brotbeutel, Stiefelgamaschen, Wickelgamaschen und Sporthemd, soweit nicht im Haushalt vorhanden, fertigt die Frau des Volkssturmmannes selbst an.

III. Wer berät und hilft?

Die Einsatznähstuben der NS-Frauenschaft stehen in jeder Ortsgruppe mit Materialberatung, Nähberatung und Schnittmustern kostenlos zur Verfügung. Fachkräfte geben die Anleitung.

Alles Nähere in den Tageszeitungen.

schen Wert konnte sich kaum jemand irgendwelchen Illusionen hingeben. Bei den Volkssturmleuten kursierte der makabre Witz, nach dem die «Amis» genau drei Minuten brauchten, um solche Sperren zu überwinden: zwei Minuten lang lachen sie sich halb tot, eine Minute brauchen sie, um die Anlagen plattzuwalzen.

Kaum Besseres ließ sich von den Verschanzungen am Rheindeich in Hochfeld sagen. Dort hatten sich neben dem Volkssturm einige Einheiten der 2. Fallschirmjägerdivision eingegraben, die sich vom linken Rheinufer zurückgezogen hatten.

Im Laufe des Tages wurden alle fünf Rheinbrücken gesprengt. Drei Auto- und zwei Eisenbahnbrücken sanken in den Strom, als letzte die Admiral-Scheer-Brücke, die nach Homberg führte. Es folgten mehrere Brücken über die Ruhr und den Rhein-Herne-Kanal. Insgesamt waren es 58 an diesem Tag. Eine Gruppe Soldaten von der 2. Fallschirmjägerdivision bugsierte Lastkähne und Motorschlepper in die Hafeneinfahrten und versenkten sie dort, um feindlichen Sturmbooten die Einfahrt zu verwehren.

Am folgenden Tag wurden die Fremdarbeiter aus der Stadt gebracht. Man fürchtete Unruhen und Ausschreitungen, wenn in der sich auflösenden öffentlichen Ordnung deren jahrelang aufgestauter Haß sich ungehindert würde entladen können. Immerhin sollen es über 30 000 gewesen sein.

In der Nacht zum 5. März wurde der Beschuß heftiger und konzentrierte sich auf das Hafengebiet, Meiderich und die Westfront der Stadt. In dieser Nacht gelang es den Amerikanern, die Karl-Lehr-Brücke über die Ruhr und das Stauwehr zu zerstören, trotz der aufgehängten Tarnnetze. Das gleiche Schicksal traf die Brücke über den Kaiserhafen. Damit war im Westen jede Verbindung zwischen dem Zentrum und den nördlichen Stadtteilen abgeschnitten.

Die «Verteidiger» der Stadt wurden im Laufe der nächsten Tage noch durch Volkssturmeinheiten aus benachbarten Städten verstärkt, was der Vermutung Nahrung gab, daß die Stadt tatsächlich als «Festung» verteidigt und damit der völligen Vernichtung preisgegeben werden sollte.

Vermutlich hat es in diesen Tagen bei der Obersten Heeresleitung tatsächlich derartige Pläne gegeben, nach denen die westlichen Städte des Ruhrgebiets bis zum letzten verteidigt werden sollten, um die östlichen Teile zum Aufmarschgebiet für eine Widerstandsarmee machen zu können. Die Umfassungsbewegung der alliierten Armeen hat wohl dieser Konzeption den Boden entzogen.

Was in Duisburg in der Öffentlichkeit bekannt wurde und beträchtliche Unruhe auslöste, war ein Aufruf des Stellvertretenden Gauleiters Schleßmann vom 8. März, in dem in der Tat die Ruhrgebietsstädte als Festungen und eherne Bollwerke zum Schutz des blutenden Ostens bezeichnet wurden.

Zur gleichen Zeit erreichten die Amerikaner bei Remagen zum ersten Mal das rechte Rheinufer.

Am nächsten Tag hatte der Duisburger Volkssturm die ersten Verluste. Eine Granate schlug in eine arbeitende Gruppe am Rheindeich ein. 6 Tote und 15 Verwundete lagen auf der Wiese.

Täglich wurde der große, alles entscheidende Angriff der Amerikaner erwartet. Gelegentlich versuchten kleine Stoßtrupps, bei Nacht und Nebel mit Schlauchbooten über den Strom zu setzen, um Stellung und Stärke der Verteidiger auszumachen. Sie wurden zwar jedesmal zurückgeschlagen, aber die Nervosität wuchs. Die größte Sorge war, daß dem erwarteten Landungsunternehmen noch einmal ein vernichtender Bombenangriff vorausgehen würde. Er hätte ein makabres Jubiläum abgegeben: der 300. Angriff seit dem 13. März vor fünf Jahren, als die ersten Bomben auf die Kupferhütte fielen.

Der aber blieb aus, dank Montgomerys konsequentem Festhalten an seinem Plan. Ebensowenig und aus dem gleichen Grund hat sich die andere Erwartung erfüllt, daß nämlich von Remagen aus der Feind das rechte Rheinufer aufrollen und von Süden in die Stadt eindringen werde. Die Nach-

> «Was im Osten Breslau, Glogau, Danzig und Königsberg sind, das werden Duisburg, Oberhausen, Essen, Mülheim mit den Städten und Dörfern am Niederrhein sein: Festungen unzerbrechbarer Treue und glühenden Willens zum Kampf und Ausharren. Ehernes Bollwerk der Standhaftigkeit, Burgen des Trotzes und der deckende Schild für den blutenden Osten.»
> *Aufruf des stellvertretenden Gauleiters Fritz Schleßmann am 8. März 1945*

richt von Remagen hatte nicht lange geheim bleiben können, das Abhören englischer Radiosender war eine ebenso streng verbotene wie fleißig geübte Gewohnheit.

Statt dessen verstärkte sich der Artilleriebeschuß. Wohngebiete blieben aber – abgesehen von der Rheinfront – vorerst noch einigermaßen verschont, das Feuer richtete sich vorwiegend auf Fabriken, Häfen, Brücken und sonstige Verkehrsverbindungen und vor allem auf die noch verbliebenen deutschen Artilleriestellungen, von denen es vor allem in der Wedau noch einige gab.

Am 17. März traf in Duisburg wie in anderen Rheinuferstädten der Befehl ein, einen mehrere Kilometer breiten Streifen auf dem rechten Rheinufer zu räumen, und zwar noch am gleichen Tag, allerdings ohne Anwendung von Zwang. Der zunehmende Beschuß und die zu erwartenden Kämpfe beim Übergang der Amerikaner hatten den Gedanken geboren. Für Duisburg, das sich ja wie ein Schlauch am Rheinufer hinzog, war er allerdings schlichtweg unausführbar. Er hätte bedeutet, daß 75 % aller Häuser hätten geräumt und ihre Bewohner hätten obdachlos gemacht werden müssen. Darüberhinaus fehlten auch die Transportmöglichkeiten. Vom Duisburger Hauptbahnhof fuhren keine Züge mehr ab, die wenigen noch vorhandenen Autos hätten noch nicht einmal die Gebrechlichen und die Kinder aufnehmen können. Es hätte eines mehrstündigen Fußmarsches bedurft, um überhaupt die Ausgangsbahnhöfe zu erreichen – unter ständigem Artilleriebeschuß. So fand der Befehl selbst bei der Verwaltung und den Militärs keine rechte Unterstützung. Dennoch wurden, um der Pflicht zu genügen, Abreisebescheinigungen nach Westfalen und Lippe ausgestellt, die als «geschützte innere Gaue» galten. Aber nur 2143 Personen haben sich eine solche Bescheinigung ausstellen lassen, und auch die haben die Stadt nicht alle verlassen. Man hielt es für sicherer, sich in der Stadt überrollen zu lassen, als sich auf eine so mühsame und gefahrvolle Reise mit ungewissem Ziel einzulassen. Der Ausgang hat gezeigt, daß dies in der Tat die weniger gefährliche Alternative war.

Am 18. März legten die Amerikaner bei Wanheimerort in Höhe des Kabelswerks künstlichen Nebel über den Rhein. Zahlreiche Schlauchboote versuchten, in seinem Schutz das rechte Rheinufer zu erreichen – eine ganze Kompanie Soldaten. Der

110 *Panzersperre auf dem Weg zur Monning. Als die Amerikaner am 12. April 1945 von Mülheim aus vorstießen, fanden sie sie unbesetzt.*

Vorstoß war jedoch frühzeitig erkannt worden. Kurz bevor die Boote das Ufer erreichten, wurde Feuerbefehl gegeben. Nach ein paar Minuten war alles vorbei. Mehrere Boote waren gesunken, die restlichen hatten sich zurückgezogen. Nur eines hatte das Ufer erreicht, acht Amerikaner wurden gefangengenommen. Am selben Tag setzte Eisenhower den Beginn der «Operation Plunder» auf den Abend des 23. März fest.

Die Verwaltung traf Vorbereitungen für «den Fall der äußersten Krise», bei dem alle Partei- und Verwaltungsstellen ins Innere «zurückgeführt» werden sollten und nur eine «Restbehörde» die öffentliche Ordnung aufrechterhalten und die Versorgung der Bevölkerung organisieren sollte.

Am 19. März erließ Hitler den «Nero-Befehl», nach dem entsprechend der Taktik der Verbrannten Erde in Gebieten, in die der Feind einrücken würde, «alle militärischen Verkehrs-, Nachrichten-, Industrie- und Versorgungsanlagen» zu zerstören seien. In Duisburg ist er nur in einigen Fällen befolgt worden – zum Glück für die zurückbleibende Bevölkerung.

Sondernachricht für die Duisburger Bevölkerung.

Volksgenossen und Volksgenossinnen!

Die Lage.

Das Vaterland ist in Gefahr! — Feindliche Panzerspitzen sind tief ins Reich eingedrungen. An allen Fronten stürmt die Flut gegen uns, um dem deutschen Volke den tödlichen Stoß zu versetzen. Unsere Soldaten sind unerhörten Anforderungen ausgesetzt; aber auch unsere Heimat, die treu und tapfer im Bomben- und Granatenhagel Jahr für Jahr gestanden hat, erfüllt ihre vaterländische Pflicht.

Unsere Stadt ist ebenfalls vorderstes Kampfgebiet geworden. Der Norden ist bereits vom Feinde besetzt. Elende Schwächlinge, die vorgeben, das Vaterland retten zu wollen, möchten es lieber dem Feinde kampflos preisgeben, indem sie auf die Großmütigkeit der „christlichen" Amerikaner und Engländer, die unsere Frauen und Kinder jahrelang terrorisierten, rechnen. Zum Glück sind diese Elemente nur vereinzelt, wohingegen die überwiegende Mehrzahl aufrechter Deutscher genau weiß, was uns blüht, wenn wir unsere Freiheit verlieren.

Hierzu nur einzelne Tatsachen von vielen:

1. In Wehofen ließ der Feind etwa fünftausend Frauen, Kinder und Kranke fünf Tage und Nächte lang ohne jede Nahrungs- und Wasserversorgung in einem Bunker eingesperrt. Der Bunker wurde von Posten bewacht.
2. Tausende von deutschen Arbeitern wurden vom linken Niederrhein als Zwangsarbeiter in die belgischen Kohlengruben deportiert.
3. Bei gleichen Löhnen setzte man den Geldwert auf ein Zehntel herab, d. h. daß 1 Reichsmark noch eine Kaufkraft von 10 Pfennig hat. So kostet z. B. ein Brot im besetzten Gebiet 5,20 Reichsmark!
4. Die Lebensmittelzufuhr stockt in den besetzten Gebieten. Es ist ja ganz klar, daß den Feindmächten zu allererst daran liegt, die eigenen Truppen zu versorgen. Hierzu bemächtigt sie sich der deutschen Lebensmittel-Lagerbestände. Auch der Jude wittert Morgenluft, und in seine Hand wird der Handel gelegt.
5. In den ersten beiden Tagen der Besatzung behandelte man unsere Volksgenossen gut, um sie dann Denunzianten, Verrätern und Terroristen preiszugeben. Was mit unseren deutschen Frauen und Mädchen geschieht, ist nicht auszudenken...

Aus Sorge um das Wohlergehen unserer Bevölkerung war dieser vor kurzem dringend ans Herz gelegt worden, das Stadtgebiet, da es als Hauptkampflinie angesehen werden muß, zu verlassen. Diese Maßnahme erschien seinerzeit unabwendbar. Die veränderte militärische Lage, die überraschend eintrat, ließ aber diese, zum Wohl und der Sicherheit der Bevölkerung geplante Aktion nicht mehr zur Durchführung kommen. Alle anderen Formulierungen über dieses Thema werden von gewissenlosen Hetzern ins Volk gestreut. Sie sind unwahr und dienen dem Feinde. Die Staatsführung hat in guten und bösen Tagen alles getan, und sich der Nöte und Sorgen aller deutschen Menschen angenommen. Sie tut es auch weiterhin, so riesengroß die Schwierigkeiten selbst auch sein mögen.

Wir haben entweder alles zu gewinnen, oder alles zu verlieren! Behalten wir deshalb den Nacken steif und sehen auch der größten Gefahr tapfer ins Auge, dann wird eines Tages wiederum unsere Stunde kommen, die wir alle mit heißem und bewegtem Herzen herbeisehnen.

Arbeit und Einkommen.

Die Besetzung eines Teiles unserer Stadt und die Nähe der Front haben zur Stillegung des größten Teiles unserer Industrie geführt. Die dadurch freigewordenen männlichen Arbeitskräfte sind der Wehrmacht oder dem deutschen Volkssturm zugeführt. Hierfür, auf Grund ihres Alters oder infolge körperlicher Behinderung ungeeignete Volksgenossen, werden sich Gedanken über ihre Einkünfte machen. Dieserhalb fand am Nachmittag des 5. April 1945 im Rathaus eine Besprechung zwischen dem Kreisleiter, dem Oberbürgermeister, dem Polizeipräsidenten sowie den Vertretern der maßgeblichen Stellen statt. Hierbei wurden alle Vorkehrungen getroffen, die Geldmittel den Empfangsberechtigten zuführen zu können. **Ein Merkblatt**, das Aufklärung über die Auszahlung von

111 *Die letzte Verlautbarung der Parteispitzen, von niemandem mehr ernst genommen, mit Ausnahme des Abschnittes «Arbeit und Einkommen»...*

Lohn-, Unterstützungsgeldern und Renten gibt, wird in Kürze erscheinen. In allen Fällen steht das Arbeitsamt bzw. das Amt für Familienunterhalt den Volksgenossen mit Rat und Tat zur Seite und wird sich der Betroffenen durch Zahlung von Geldmitteln — soweit irgend möglich — annehmen. Die Angehörigen der zum Volkssturm Einberufenen erhalten wie Wehrmachtsangehörige Familienunterhalt. Irgendwelche Unterlagen müssen natürlich beigebracht werden können, so schwierig das auch oft durch das „Absetzen" gewisser Elemente sein mag.

Dunkle Elemente am Werk.

In Zeiten, wie den augenblicklichen, gibt es immer Schmarotzer und asoziale Halunken, die die Not des Volkes ausnützen, um ihr erbärmliches Leben auf Kosten der Gemeinschaft zu fristen. Im Schutze der Dunkelheit versuchen sie, sich in den Besitz fremden Eigentums zu bringen und ihren Nächsten zu bestehlen. Keine Strafe ist zu hart für diese Verbrecher. Jeder helfe mit, ihrer habhaft zu werden! Wo Ihr derart Verdächtige aufstöbert, nehmt sie fest und übergebt sie zwecks Aburteilung der Polizei!

Auf Dich kommt es an!

In guten Tagen, — da gaben sich so viele aus als echte und zuverlässige Nationalsozialisten. Wenn man sie nach der Menge und dem Inhalt ihrer Worte und Handlungen bewerten sollte, dann mußte mancher einfache und treue Anhänger des Führers ganz bescheiden zurücktreten. Die ehrlichen Nationalsozialisten stehen aber auch heute ihren Mann, während die übrigen ganz merklich still geworden sind und die Verantwortung, den Glauben und den Mut den anderen überlassen. Nur Verachtung kann diese Heuchler und Geschäftemacher treffen. Wir werden uns ihrer eines Tages recht deutlich erinnern!

Weitere Egoisten wissen keine andere Lösung, als auf alles zu schimpfen, was ihnen früher angeblich hoch und heilig war, und Lügen- und Greuelparolen ins Volk zu streuen. Meist sitzen sie in Bunkern, um ihr eigenes „wertvolles Leben" in Sicherheit zu bringen. Von diesen aber wendet sich die deutschbewußte Bevölkerung unserer Stadt eindeutig und klar ab. Die Getreuen schließen sich enger zusammen und bilden eine verschworene Gemeinschaft.

Glaubt an die Worte des Führers, der gesagt hat:

„... und am Ende steht der deutsche Sieg!"

Duisburg, den 6. April 1945.

Freytag
Oberbürgermeister

Loch
Kreisleiter

Bauer
Polizeipräsident

> Es gehört zu den auffälligsten Erscheinungen des Krieges in seinen Auswirkungen auf die Heimatstadt, daß trotz aller Ermahnungen seit Jahr und Tag die Zahl ortsanwesender älterer und alter Männer und Frauen nicht wesentlich zurückgegangen zu sein scheint. Alle Hinweise auf die Gefahren des feindlichen Luftterrors und neuerdings auch des Beschießens der Stadt blieben vielfach unbeachtet. In Bunkern kann man immer wieder beobachten, daß es sich bei diesen alten Leuten teilweise um Hilfsbedürftige handelt, die der Unterstützung durch Angehörige oder Fremde bedürfen, statt daß sie von den Möglichkeiten, in fernen Orten ohne die tägliche, fast stündliche Gefährdung durch feindliche Luft- oder andere Angriffe Aufnahme zu finden, bisher Gebrauch machten. In fast restloser Übereinstimmung wurde die Weigerung zum Verlassen Duisburgs mit dem Gefühl der Verbundenheit begründet, daß man der Stadt als Geburts- und Wahlheimat gegenüber empfindet und daß sich nicht aus dem Felde schlagen ließe.
>
> Gut und schön! Allein solche und ähnliche Gefühle haben heute nur Berechtigung, soweit sie mit den Erfordernissen des Krieges in Einklang stehen. Sie müssen gleichfalls schweigen, wenn Kinder in Frage kommen. Auch hier ist nicht zu verkennen, daß die Zahl der Kinder in Duisburg heute noch viel, viel zu hoch ist und daß Eltern, die ihre Kinder hier behalten oder gar hierher zurückholen, eine schwere Verantwortung auf sich geladen haben.
>
> Angesichts dieser Dinge sind von den zuständigen Stellen erneut Abhilfemaßnahmen in die Wege geleitet worden. Es gilt jetzt, in planmäßig durchgeführten Aktionen soviel entbehrliche Menschen als möglich aus der Stadt herauszubringen. Weiter strebt die Aktion, deren praktische Trägerin die NSV ist (deren Ortsgruppen Meldungen entgegennehmen), auch eine möglichst umfassende Entfernung der Kinder aus Duisburg an. Das alles soll auf dem Boden der Freiwilligkeit geschehen. Berufliche und sonstige Einsatzpflichten müssen weiter erfüllt werden.
>
> Läßt sich der Kreis derer, die die Stadt unbedenklich verlassen können, ohne daß dadurch im Sektor kriegsbedingter Tätigkeit Lücken entstehen, verhältnismäßig weit ziehen, so ist das gleiche bei allen im Beruf oder anderen Bindungen Stehenden nicht der Fall. Hier müssen andere Grundsätze obwalten.
>
> So darf niemand – und das gilt für beide Geschlechter – Duisburg verlassen, der in irgendeinem Arbeitseinsatz steht. Ebensowenig dürfen Männer abreisen, die wehrmachts-, volkssturmpflichtig usw. sind. Hier gebietet der Ernst der Stunde unbedingtes Ausharren an Ort und Stelle.
>
> In vielfacher Hinsicht wird denen, die Pflichten des Krieges und der Arbeit an die Heimatstadt binden, die Erfüllung ihrer Aufgaben erleichtert werden können, wenn die Entbehrlichen sich zu dem Entschluß des freiwilligen Verlassens der Stadt möglichst zahlreich durchringen würden. Die Fliegerabreisescheine, die sie erhalten, stellen u. a. Ansprüche aus erlittenen Kriegsschäden im Reich praktisch sicher. Die NSV-Ortsgruppen stehen allen sich zur freiwilligen Abreise Meldenden mit Rat und Tat sowie mit jeder erforderlichen Auskunft zur Seite.
>
> *Duisburger Generalanzeiger*
> *21.3.1945*

Inzwischen war der Artilleriebeschuß weiter verstärkt worden und deckte jetzt das gesamte Stadtgebiet ab – auch die Wohnviertel. Flugzeuge, die – unbeeinträchtigt durch die Flak, die kaum noch Munition hatte und nur noch Warnschüsse abgab – in geringer Höhe über der Stadt kreisten, gaben den Batterien auf der linken Rheinseite ihre Anweisungen und leiteten das Feuer präzis ins Ziel. Das Rathaus erhielt schwere Treffer, so daß die Diensträume auf der Westseite geräumt werden mußten. Zugleich nahm auch der Bordwaffenbeschuß durch Tiefflieger zu. Der Aufenthalt auf den

MILITAERREGIERUNG—DEUTSCHLAND
KONTROLL-GEBIET DES OBERSTEN BEFEHLSHABERS
VERORDNUNG Nr. 1
VERBRECHEN UND ANDERE STRAFBARE HANDLUNGEN

Um die Sicherheit der Alliierten Streitkräfte zu gewährleisten und die öffentliche Ordnung im besetzten Gebiet wiederherzustellen, wird folgendes verordnet:

ARTIKEL I
VERBRECHEN, AUF WELCHE DIE TODESSTRAFE STEHT

Die folgenden strafbaren Handlungen werden mit dem Tode oder einer anderen Strafe, nach Ermessen eines Gerichts der Militärregierung, bestraft:

1. Spionage;
2. Verbindung mit den feindlichen Streitkräften oder mit irgend einer Person im feindlichen Gebiet, das von den Alliierten Streitkräften nicht besetzt ist, es sei denn, dass die Verbindung auf behördlich genehmigtem Wege erfolgt;
3. Uebermittlung von Nachrichten, welche die Sicherheit oder das Eigentum der Alliierten Streitkräfte gefährden; oder die Unterlassung der Anzeige solcher Nachrichten, falls deren Besitz nicht erlaubt ist; und unerlaubte Mitteilungen in Geheimschrift oder Chiffre;
4. Bewaffneter Angriff auf oder bewaffneter Widerstand gegen die Alliierten Streitkräfte;
5. Handlungen und Unterlassungen in Widerspruch zu oder in Verstoss gegen die Bedingungen, welche die Alliierten Deutschland anlässlich seiner Niederlage oder Uebergabe auferlegt haben, oder gegen irgendwelche Vorschriften, in Ergänzung dieser Bedingungen;
6. Handlungen oder Betragen zur Unterstützung oder Hilfeleistung für irgend eine Nation, die sich mit einer der Vereinigten Nationen im Kriegszustande befindet, oder zugunsten der NSDAP oder einer sonstigen von den Alliierten Streitkräften aufgelösten oder verbotenen Organisation. Dies gilt auch für die Veröffentlichung und Verbreitung von Schrift- oder Drucksachen zugunsten der Vorgenannten, für den Besitz solchen Materials zum Zwecke der Veröffentlichung und Verbreitung, sowie für herausforderndes Zeigen von Fahnen, Uniformen oder Abzeichen derartiger Organisationen;
7. Tötung eines Angehörigen der Alliierten Streitkräfte oder Angriff auf einen solchen;
8. Fälschlich sich Ausgeben als Angehöriger der Alliierten Streitkräfte oder unbefugtes Tragen von Uniformen der Alliierten Streitkräfte;
9. Ungesetzlicher Besitz von oder Verfügungsmacht über Feuerwaffen, Munition, Sprengstoff oder sonstiges Kriegsmaterial, Geräte oder sonstige Mittel, die zur Nachrichtensendung geeignet sind;
10. Unbefugter Gebrauch von Feuer- oder anderen gefährlichen Waffen, Munition, Sprengstoff oder ähnlichem Kriegsmaterial;
11. Vorschubleistung zum Entkommen irgend einer von den Alliierten Behörden verhafteten Person, oder Beistandleistung oder Verbergung

112 *Erste Verlautbarung der Besatzung*

Straßen wurde immer gefährlicher. Jeder Weg zum Arbeitsplatz oder zum Einkauf der nötigsten Lebensmittel wurde zu einem Gang auf Leben und Tod. Die Zahl der Opfer stieg bis auf 20 pro Tag. In manchen Stadtteilen ging man dazu über, die Toten an Ort und Stelle in den Gärten zu begraben. Es war einfach unmöglich, sie zum Friedhof zu fahren. Oft fehlte es sogar am Holz, aus dem Särge hätten gezimmert werden können. Die Straßen waren wie ausgestorben, die meisten trauten sich kaum noch, die Bunker zu verlassen.

Am 21. März richtete der alliierte Oberbefehlshaber, General Eisenhower, über den englischen Rundfunk einen Aufruf an die Bevölkerung der Städte in Frontnähe. Begleitet von unheilschwangeren Trommelschlägen, forderte er die Einwohner einer Anzahl von Städten – darunter Duisburg – dazu auf, die «Todeszone» zu verlassen. Die Ruhrgebietsstädte als Sitz der Kriegsindustrie würden unweigerlich zerstört werden. Auch die bewährtesten Bunker würden den Waffen der Alliierten nicht standhalten können. In regelmäßigen Abständen wiederholt, löste der Aufruf panikartige Reaktionen aus, obwohl der Sinn nicht ohne weiteres einleuchtete, da die Kriegsindustrie schon seit Wochen so gut wie stillag. Manche glaubten, es sollte nur Verwirrung gestiftet werden, um den Rheinübergang zu erleichtern. Tatsächlich wurde die Nebelwand, die über dem Rhein lag, um die genaue Stelle des Übergangs zu verschleiern, immer dichter und reichte jetzt von Bonn bis Emmerich. Die Artillerie schoß Granaten herüber, die Flugblätter mit Verhaltensmaßregeln für die Bevölkerung enthielten: weiße Tücher an den Häusern und die Parole «I surrender – Ich ergebe mich» sollten jedem eine Überlebenschance geben. Viele haben in diesen Tagen doch noch die Stadt verlassen.

Am selben 21. März befolgten vier Offiziere der Duisburger Schutzpolizei einen Befehl des Polizeipräsidenten Bauer, dreißig von ihm selbst ausgewählte Häftlinge aus dem Polizeigefängnis zu erschießen. Zunächst hatten sich die Polizisten geweigert, da Exekutionen nicht zum Aufgabenbereich der Schutzpolizei gehörten. Bauer jedoch bestand auf seinem Befehl. Er erklärte, es handle sich um rechtskräftig zum Tode Verurteilte, die nicht mehr nach Köln hätten gebracht werden können, wo bis zur Einnahme durch die Amerikaner die Hinrichtungen stattgefunden hatten. So wurden 21 Russen, 6 Deutsche, 1 Belgier und 2 Holländer mit Lastwagen zum Waldfriedhof gefahren und mit Maschinenpistolen zusammengeschossen, die Leichen in einem Bombentrichter verscharrt.

Am 9. April, drei Tage vor Einzug der Amerikaner in die Duisburger Innenstadt, sind nochmals auf Befehl des Polizeipräsidenten 8 Häftlinge des Polizeigefängnisses erschossen worden. Es waren überwiegend Ukrainer, die in der Luftschutzpolizei gedient hatten und fahnenflüchtig geworden waren. Rechtskräftige Urteile ordentlicher Gerichte lagen keiner dieser Exekutionen zugrunde. 12 Jahre später, am 18. April 1957 wurde Franz Bauer nach einem langwierigen Verfahren zu 6 Jahren Gefängnis und 3 Jahren Ehrverlust verurteilt.

Am Abend des 23. März begann die «Operation Plunder». «Das letzte Kapitel des europäischen Krieges hat begonnen», verkündeten die Alliierten. Am 24. März setzte ein amerikanischer Stoßtrupp mit Schlauchbooten und Amphibienfahrzeugen unterhalb Walsum über den Rhein und erreichten das Ostufer am Stapp. Am folgenden Tag rückten auch die von Norden kommenden Hauptkontingente in Walsum und Dinslaken ein, ohne auf nennenswerten Widerstand zu stoßen. Damit standen sie unmittelbar vor den Toren Duisburgs. Die verbliebenen Reste von Militär und die Volkssturmeinheiten wurden in höchste Alarmbereitschaft versetzt, die vorbereiteten Panzersperren geschlossen und mit Verteidigern besetzt. In der Nacht zum 26. März wurden noch alle Emscherbrücken von den Deutschen gesprengt, um Hamborn zu schützen.

Am folgenden Tag, dem 27. März, wurde in Duisburg ein weiterer, auf den 25. März datierter Aufruf des Stellvertretenden Gauleiters Schleßmann veröffentlicht. Auf Anordnung der Heeresgruppe H sollten alle Städte, die nicht gehalten werden könnten, sofort und total geräumt werden. Als Ausweichziele wurden «innerdeutsche Gaue» angegeben. In Trecks zusammengeschlossen, bedroht von Hunger, Krankheit, Schwäche und nicht zuletzt feindlichen Luftangriffen sollten Hundert-

---

Aus einem Tagebuch
Samstag den 24. März 1945
So ruhig, wie es die letzten Nächte war, um so toller soll die Nacht werden. Es fing Freitag abend um punkt 10 Uhr mit Fliegeralarm an. Kurz nach Mitternacht legte die Artillerie los. Wir werden unter Feuer genommen. Ich konnte nicht im Bett liegen bleiben und bin aufgestanden. Das Feuer steigerte sich von Stunde zu Stunde. Es ist ein Höllenkonzert der ganzen Front entlang bis zum Niederrhein. Die ganze Werkswache ist auf den Beinen und es erfolgt Einschlag auf Einschlag. Wir haben zahlreiche Treffer in unser Gebäude bekommen. Das Trommelfeuer hielt bis zum Vormittag an. Die Ruhrbrücke ist jetzt zerstört und wir können nicht mehr nach Duisburg kommen. Wir kommen kaum auf die Straße. Tiefflieger kreisen ständig über uns und schießen mit Bordwaffen auf einzelne Personen, die über die Straße gehen. An Post ist nicht mehr zu denken aber ich weiß, daß meine Frau an mich und meine Frau weiß, daß ich an ihr denke. Wasser und Licht ist seit heute früh ausgefallen. Soeben hören wir, daß der Engländer zwischen Rees und Wesel über den Rhein gesetzt hat. Nun harren wir der Dinge die da kommen. Noch ist alles gefaßt hier ...

tausende in wochenlangen Märschen nach Westfalen und Hessen marschieren, wo sie sich angeblich in Sicherheit würden aufhalten können, «bis die Heimat wieder frei» sei. Obwohl die Partei die Befolgung erzwingen wollte und der Polizeipräsident drohte, notfalls schießen zu lassen, haben nur wenige die Stadt noch verlassen. Die Unsinnigkeit des Vorhabens wurde wenige Tage später deutlich, als sich die Zange der Alliierten bei Lippstadt schloß und das Ruhrgebiet eingekesselt war. Tatsächlich wurde der Aufruf am 6. April deswegen offiziell aufgehoben.

In Hamborn ist er gar nicht erst publiziert worden. Der Hamborner Ortsgruppenleiter und Führer des Volkssturms, Heinz Tenter, hat dafür gesorgt, daß sie verbrannt wurden, kaum daß sie am Morgen des 27. März angeliefert worden waren. Er hatte schon seit Tagen in heftigen Auseinandersetzungen mit dem Kampfkommandanten dieses Abschnitts, Luftwaffenoberst May, gelegen, der entschlossen war, Hamborn zu verteidigen, wie es allenthalben von Parteileitung und militärischer Führung befohlen wurde, ungeachtet der militärischen Aussichtslosigkeit.

Es war zwar am Emscherkanal und entlang der Bahnlinie Oberhausen-Wesel eine provisorische Verteidigungslinie vorbereitet worden. Vom Hottelmannshof bis zur Tieckstraße in Schmidthorst standen 15-cm-Geschütze. Als besonders verteidigungswürdig galt die große Panzersperre «am Schwan», dem nördlichen Einfallstor Duisburgs. Indessen standen Oberst May nur noch schwache Fallschirmjäger-Einheiten zur Verfügung, daneben etwas Polizei und die Volkssturm-Abteilungen, deren Kampfwert bekanntermaßen kaum ins Gewicht fiel. Tenter gelang es, den Obersten von der Sinnlosigkeit des Unternehmens zu überzeugen und die Hamborner Bevölkerung vor weiteren Kämpfen und Zerstörungen zu bewahren.

Am 27. März gegen 15.10 Uhr besetzte ein amerikanischer Infanterie-Stoßtrupp die ersten, noch vor dem «Schwan» liegenden Häuser Hamborns, ohne jedoch bis zur Panzersperre vorzustoßen. Am selben Nachmittag räumte Oberst May mit dem Rest seiner Truppen die Stadt, nicht ohne zuvor noch durch ein Sprengkommando des SHD das Telefonamt in die Luft gejagt zu haben. Die Sprengung der Betriebsanlagen des RWE und der Industrieanlagen, nach der Taktik der «Verbrannten Erde» gleichermaßen geboten, unterblieb, zum Glück für die Zurückgebliebenen. Anschließend zog sich auch Tenter mit seinen Volkssturmeinheiten ins Duisburger Zentrum zurück. Gegen Abend folgte die Polizei. Hamborn lag offen vor den Amerikanern.

Am nächsten Morgen drangen amerikanische Panzer und Spähwagen weiter in die Stadt ein. Um 11.00 Uhr erreichten sie das Gebäude der Kaufhof AG, wo Stunden zuvor noch Oberst May seine Befehlsstelle gehabt hatte. Gegen 16.00 Uhr wurde das Rathaus besetzt. Auf Befehl des amerikanischen Kommandanten Ashworth sollte die Verwaltung weitergeführt werden.

Am Morgen desselben Tages setzte von Homberg aus ein Boot mit einem amerikanischen Leutnant und 6 Unteroffizieren und Mannschaften über den Rhein und landete bei der Mühlenweide. Die sieben Amerikaner zogen in Ruhrort ein, ohne auf Widerstand zu stoßen. Statt dessen zeigte man ihnen den Bunker, wo statt der vorgesehenen 3600 Menschen deren 11 000 unter unerträglichen Bedingungen eingepfercht waren. Darauf wurde der dringenden Bitte, den Artillerie-Beschuß einzustellen, alsbald entsprochen. Am Nachmittag rückten von Hamborn aus weitere amerikanische Einheiten in Ruhrort ein.

Am selben Tag erschienen auch in Laar die ersten Amerikaner und verlangten, einige gut angesehene Bürger mit auf die andere Rheinseite zu nehmen, um die Gewähr zu haben, daß auch hier keine deutschen Truppen mehr Widerstand leisten würden. Vier Personen, darunter der katholische Geistliche, setzten mit über und erklärten im Homberger Rathaus, daß sich in Laar kein Militär und keine führenden Parteileute mehr aufhielten, und verbürgten sich dafür, daß auch die Bevölkerung keinerlei Widerstand leisten würde. Darauf wurde auch hier der Beschuß eingestellt. Tags darauf wurde auch Meiderich bis zum Rhein-Herne-Kanal besetzt, ohne daß ein Schuß fiel.

Für die Duisburger, die nördlich von Ruhr und Kanal wohnten, war der Krieg nun vorbei. Trotz der Beschwernisse, die die Besatzung mit sich brachte, trotz der Not inmitten der Zerstörungen, trotz der katastrophalen Versorgungslage und der schier unübersehbaren Probleme war die Erleichterung groß, daß die Zeit der Bomben und Granaten vorbei war, daß man wieder den Bunker verlassen

MITBÜRGER!

Die Alliierte Militärregierung hat auf Grund des Kriegsrechtes die bisherige Stadt- und Polizeiverwaltung aufgelöst; sie hat mich als ehemaligen Duisburger Beigeordneten und späteren Oberbürgermeister einer anderen rheinischen Stadt ersucht, die Leitung der neuen Verwaltung zu übernehmen. Im Bewußtsein, der Pflicht gegenüber Vaterland und Heimat hiermit zu gehorchen, habe ich dieser Aufforderung entsprochen unter der zugestandenen Bedingung, daß es sich um eine vorläufige Maßnahme handelt. Die Militärregierung betont aber ausdrücklich, daß mir die volle Verantwortung obliegt. Eine endgültige Stadtverwaltung wird später von einer frei gewählten Bürgervertretung bestellt.

Mein Bestreben wird sein, die Verwaltung auf der Grundlage von Treue und Redlichkeit, Einfachheit und Sparsamkeit zu führen.

Eine Notlösung der auf allen Lebensgebieten sich auftürmenden unermeßlichen Schwierigkeiten ist aber nur möglich, wenn jeder seine Kräfte zum Wiederaufbau einsetzt und die alten unvergessenen Bürgertugenden bewährt:

1. Oberstes Gebot ist die Aufrechterhaltung von Ruhe, Ordnung und Sicherheit. Jedermann muß sich hierbei tatkräftig einsetzen. Die Anordnungen der Militärregierung sind genau zu erfüllen. Mißachtung und leichtfertige Verletzungen dieser völkerrechtlich verpflichtenden Bestimmungen sind Verbrechen, die nicht nur an den Schuldigen schwer bestraft werden, sondern zur endgültigen Vernichtung unserer Stadt führen und unschuldigen Menschen das Leben kosten können.

2. Das öffentliche und private Eigentum ist gewissenhaft zu achten und vor verbrecherischen Elementen zu schützen.

113 *Erste offizielle Verlautbarung des neuen Oberbürgermeisters Heinrich Weitz vom 16. April 1945. Weitz, während der Weimarer Republik Beigeordneter in Duisburg und Oberbürgermeister von Trier, war vier Tage nach dem Einmarsch der Amerikaner von deren Kommandanten, Oberst Barnett, zum kommissarischen Oberbürgermeister ernannt worden.*

Plünderungen und andere Eigentumsvergehen werden nicht nur von den deutschen Strafverfolgungsbehörden auf Grund der geltenden Gesetze geahndet, sondern auch von der Militärregierung schwer bestraft werden.

3. Die gesetzlichen Vorschriften über die Bewirtschaftung von Lebensmitteln und anderen lebenswichtigen Bedarfsgütern bleiben in Kraft. Die genaue Beachtung durch Hersteller, Verteiler und Verbraucher ist zwingend notwendig, um einer furchtbaren Hungersnot zu entgehen.

4. Alle im Arbeits-, Angestellten- oder Beamtenverhältnis stehenden Einwohner müssen sich sofort zur Wiederaufnahme geregelter Arbeit an ihrer Arbeitsstelle melden. Betriebsleiter werden mit vorbildlichem Beispiel vorangehen. Jede Arbeitskraft muß voll ausgeschöpft werden. Ganz oder teilweise Arbeitslose müssen sich dem Arbeitsamt unverzüglich zur Verfügung stellen.

Bei der bevorstehenden Finanznot werden Unterstützungen ohne Arbeitsleistung nur in dringenden Notfällen weitergezahlt werden können.

5. Steuern und andere öffentliche Abgaben müssen unbedingt pünktlich entrichtet werden.

Jeder Bürger und Einwohner erfülle seine Pflicht. Mit diesem Vorsatz und mit frischem Mut wollen wir ans schwere Werk gehen.

Gott schütze unsere Stadt Duisburg und unser deutsches Vaterland!

Duisburg, den 16. April 1945.

Der Oberbürgermeister
Dr. Weitz

konnte, daß man wieder «Guten Morgen» statt «Heil Hitler» sagen durfte.

Am 30. März ließen die Amerikaner die ersten Bekanntmachungen anschlagen. Alle Waffen waren abzugeben, verboten waren Versammlungen, Hilfeleistung an Soldaten, Spionage. Von abends 18.00 Uhr bis morgens 7.00 Uhr durfte sich kein Deutscher auf der Straße sehen lassen. Die Verdunklung mußte beibehalten werden. Nachts durften die Häuser nicht verschlossen werden. Neben jeder Haustür mußte eine Liste mit den Namen der Hausbewohner aushängen.

Die Angehörigen der Verwaltung, soweit sie nicht durch besondere Aktivität in der Partei desavouiert waren, stellten sich sofort zur Verfügung. In Hamborn und Meiderich wurde Wilhelm Bambach als Vertreter des Zentrums, der stärksten bürgerlichen Partei, als kommissarischer Vertreter der Bürgerschaft eingesetzt, für Ruhrort, Laar und Beeck war dies zunächst der ehemalige Hauptwachmeister Goldhagen, dann der städtische Angestellte Schlieper. Die dringendsten Probleme waren die Lebensmittelversorgung und die Herrichtung der Wasser- und Stromzufuhr. Um die Lebensmittelknappheit wenigstens ein wenig zu mildern, durften die neben den Häusern gelegenen Gärten auch während der Sperrstunde bearbeitet werden.

Für die südlich der Ruhr gelegenen Stadtteile hatte die Zweiteilung der Stadt höchst unerfreuliche Konsequenzen. Auf dem Gelände der Zinkhütte bezog eine Artillerieabteilung Stellung und begann, die unbesetzten Teile der Stadt nun auch von Norden her unter Beschuß zu nehmen. Hatte man in den vorangegangenen Wochen die Besetzung durch die Amerikaner immer von Westen oder von Süden erwartet, so war man nun überzeugt, daß sie von Norden, von Hamborn und Meiderich aus ins Zentrum vorrücken würden. Es sollte noch anders kommen.

Am 29. März wurden die Fallschirmjäger-Einheiten aus Duisburg abgezogen. Am selben Tag setzte sich die Reichsbank ab, nicht ohne ihre sämtlichen Zahlungsmittel mitzunehmen und damit die übrigen Geldinstitute in größte Verlegenheit zu bringen. «Rückgeführt» wurde auch ein Teil der Verwaltung der DVG, sämtliche Abteilungen der Feuerlöschpolizei und die Entgiftungseinheiten mitsamt den Wagen und dem Gerät. Nur 25 Mann blieben für den Notfall zurück.

Ebenfalls am 29. März verfügte der «Reichsverteidigungskommissar» des Gaues Essen, der Stellvertretende Gauleiter Schleßmann, in seinem letzten, auf einen Führerbefehl zurückgehenden Aufruf die sofortige totale Räumung der Stadt «wenn nötig unter Anwendung von Gewalt». Die absolute Undurchführbarkeit dieser Anordnung war auch Oberbürgermeister Freytag bewußt, er hat sie gar nicht mehr publizieren lassen. Ebenso hat er auch die «Rückführung» der Stadtverwaltung unterlassen. Nur zum Schein wurden sieben Beamte nach Werl in Westfalen entsandt, um dort eine Aushilfsstelle vorzubereiten. Das Gros der Verwaltung blieb in der Stadt.

Zurück blieben auch der Kampfkommandant, Hauptmann Wolf, mit 200 Soldaten aus Goebbels' «vorletztem Aufgebot», einer Volksgrenadierdivi-

---

Augenzeuge

Während des Krieges war ich Maschinensteiger auf der Zeche Westende. Aus diesem Grunde hatte ich häufig mit dem St. Joseph-Hospital zu tun. Wir haben dort nach Fliegerangriffen und Beschuß ausgeholfen und aufgeräumt. Die Verhältnisse damals in Laar waren sehr traurig. Im Bunker lagen Tote, die nicht beerdigt werden konnten. Wasser war nicht mehr da, Licht gab es auch nicht mehr. Die damalige Oberin Schwester Eukapia ist mit ihren Sorgen oft zu mir gekommen.

Am 28.3.45 wollte ich auf den Rheindeich steigen, um zu sehen, ob sich auf der anderen Rheinseite was ereignete. Dabei wurde ich von einem langsam fliegenden Flugzeug unter Beschuß genommen. Ich bin dann zurückgelaufen und in Deckung gegangen. Auf dem Weg zum Markt zum Hochbunker riefen mir Zivilisten zu, ich sollte zum Bunker gehen, dort wären Amerikaner. Vor dem Bunker standen zwei amerikanische Soldaten, die den Eingang zum Bunker dicht gemacht hatten und keinen herausließen. Die Amerikaner sprachen gebrochen Deutsch. Ich habe daraufhin die Amerikaner gefragt, warum sie hier wären. Sie antworteten, sie wollten Bescheid haben, was sich in Laar noch abspiele. Ich habe versucht, ihnen zu erklären, daß keine Soldaten mehr da wären. Man möge doch den Bunker wieder aufmachen. Die Leute bekämen schlecht Luft, außerdem lägen Tote im Bunker. Einer der beiden Soldaten gab immer das Gespräch mit Sprechfunk durch. Er erhielt dann den Befehl, das man die Bunker öffnen könne.

Dabei hat sich noch folgende Situation abgespielt, die ich trotz der Umstände nicht vergessen werde: Herr Haas kam aus dem Bunker. Er trug, da er bei der Post war, seine Postuniform. Als die Amerikaner Herrn Haas sahen, brachten sie sofort ihre Maschinenpistolen in Anschlag und riefen: «Du SS, komm mit, du SS!» Auf diese Weise wurde Herr Haas praktisch verhaftet.

Die Amerikaner selbst wollten, wie sie sagten, «Gut angesehene Bürger» mit auf die andere Rheinseite nehmen, erst dann würden die Amerikaner glauben, daß wirklich keine deutschen Truppen mehr in Laar wären, sonst ginge das nicht. Es müßten mindestens drei Mann sein. Ich habe mich bereit erklärt und habe, als sich das bei den Leuten am Bunker herumsprach, noch gesehen, wie ein anderer Mann namens Anderbrügge oder so ähnlich sich auch zur Verfügung stellte. Dieser Herr trug eine Pistole. Er erklärte den Amerikanern, daß er etwas mit Geld zu tun habe. Zwei Personen waren den Amerikanern nicht genug. Ich habe sie gefragt, ob ein Pastor mitkommen könne. Die Amerikaner sagte sofort: «Pastor gut.» Daraufhin ging ich sofort zum Pfarramt und sprach mit dem damaligen Kaplan Nettelbusch, der sogleich bereit war, sich mit den Amerikanern übersetzen zu lassen. Ein vierter Deutscher, ein junger Mann, drängte sich auf, mit zu kommen. Er könne den Dolmetscher spielen, er spräche gut Englisch. Dieser junge Mann war in Zivil, keiner kannte ihn. Er ist auch drüben auf der anderen Rheinseite verschwunden und wir haben nie wieder etwas von ihm gehört.

Wir wurden dann mit einem Boot von den Amerikanern aus über den Rhein gesetzt und sind etwa in Höhe von «Haus Gerdt» angetrieben worden. Dort wurden wir mit einem Jeep in das Homberger Rathaus gebracht. Von mir wollte man, da ich leitender Angestellter auf der Zeche Westende war, vorwiegend wissen, ob in Laar noch Parteileute oder führende Parteileute wären, ob ich selbst in der Partei wäre. Als Ausweis habe ich eine Bescheinigung des damaligen Bischofs von Münster, Clemens August von Galen vorgelegt. Ich weiß noch heute so wie damals, als die Amerikaner das lasen, riefen sie: «Oh, du auch Clemens August, Löwe von Münster, du auch guter Mensch.» Ich weiß, daß der Kaplan Nettelbusch vorwiegend über die Einstellung der Bevölkerung ausgefragt wurde und daß er immer wieder betont darauf hingewiesen hat, daß von seiten der Bevölkerung aus kein Kampfakt zu erwarten sei. Man solle doch den Artilleriebeschuß einstellen. Er, als Priester, könne behaupten, daß es so wäre. Er stehe jederzeit zu seinem Wort. Wie wir später erfahren haben, ist aufgrund dieser Aussagen des Kaplans Nettelbusch sofort der Artilleriebeschuß durch die Amerikaner für Laar eingestellt worden.

Wir waren kurzfristig damals inhaftiert, der Kaplan Nettelbusch kam in das Pastorat von Homberg, wir selbst sind etwa 14 Tage später wieder übergesetzt worden. Die Amerikaner haben uns nicht losgelassen. Sie befürchteten Racheakte. Ich selbst hatte mit einem amerikanischen Oberst gesprochen und darauf hingewiesen, daß man Flugblätter abgeworfen habe, man könne herüberkommen und auch jederzeit wieder zurückgehen. Dieser Amerikaner sagte: «Haben Sie denn nichts zu befürchten?» Ich sagte: «Nein!» Daraufhin sagte der Amerikaner: «Da kennen wir Deutschland aber besser!» Und ich muß sagen: Ich hatte auch Mitte April noch den Eindruck, daß diese Maßnahme der Amerikaner ganz gut war.

sion, ferner 1000 Mann Mülheimer und 2000 Mann Duisburger Volkssturm. Die Parole hieß Widerstand bis zum Letzten.

Am 1. April schloß sich die Zange um das Ruhrgebiet bei Lippstadt. Am 2. April ließen sich zwei amerikanische Offiziere beim Kampfkommandanten Wolf anmelden. Unter Führung des kommissarischen Bezirksvorstehers für Ruhrort, Laar und Beeck, Schlieper, wurden sie mit verbundenen Augen zum «Duisburger Hof» geführt, wo Wolf residierte, und schlugen die Übergabe der Stadt vor. Wolf lehnte ab. Am Abend wurden 200 Ruhrorter Bürger, die als Geiseln für die Sicherheit der amerikanischen Offiziere hatten dienen müssen, wieder freigelassen.

Etwa zur gleichen Zeit wurde über den britischen Rundfunk die Nachricht bekannt, daß Münster in Westfalen durch Artillerie völlig zerstört worden sei, weil es die Kapitulation verweigert hatte.

Ebenfalls in diesen Tagen konnte man über einen geheimen Rundfunksender Meldungen der Organisation «Werwolf» hören, einer von Himmler aufgestellten Partisaneneinheit, die z. T. hinter der Front Mordanschläge nicht nur gegen feindliche Soldaten, sondern auch gegen deutsche «Verräter» richtete, die kampflos deutsche Städte übergeben hatten, anstatt sie durch sinnlosen Widerstand «bis zum Letzten» der totalen Vernichtung preiszugeben. Am 1. April waren auch in Duisburg an den Wänden Anschläge zu sehen, die zur «Bildung einer deutschen Freiheitsbewegung Werwolf» aufriefen. Sie verschwanden aber sehr bald wieder.

Am 7. April verließ Hauptmann Wolf mit seiner Truppe die Stadt, angeblich um bei Siegen zur Bildung eines neuen «Schwerpunktes» eingesetzt zu werden. Der Volkssturm und zwei Polizeieinheiten sollten die Verteidigung der Stadt übernehmen. Wolfs Abzug ließ hoffen, daß es eben dazu nicht mehr kommen würde.

Am 8. April wurde, von der Parteispitze veranlaßt, eine «Sondernachricht» als Flugblatt verteilt, die vor dem Vertrauen in die Großmütigkeit der «christlichen» Amerikaner und Engländer warnte, die in Wahrheit die Bevölkerung in den besetzten Gebieten terrorisierten. Sie schloß mit den Worten:» ... und am Ende steht der Deutsche Sieg!»

Augenzeuge
1.4.1945

Duisburg ist eine vollkommen ausgestorbene Stadt. Sämtlicher Verkehr ruht, nur hier und da einige Menschen auf den Straßen, die fluchtartig ihre Einkäufe machen oder Trinkwasser holen ... Einige Geschäfte haben noch stundenweise geöffnet; die Verwaltungen der Stadt und die Krankenkassen haben vormittags noch geöffnet, daher bin ich auch noch im Dienst, wohne jedoch in Wedau und muß täglich den weiten gefahrvollen Weg nach Duisburg machen und gerate dadurch oft in den Artilleriebeschuß.

Am 30.3. nachmittags 4 Uhr kam ich plötzlich in einen fürchterlichen Beschuß. Es war am Ausgang der Mozartstraße zur Koloniestraße. Ich weiß nicht, wie ich vom Fahrrad gekommen bin, jedenfalls kauerte ich mich auf die Straße vor dem Bürgersteig. Ca. 40 Granaten schlugen in kaum 2–3 Minuten in meiner Umgebung ein; ich glaubte, die Hölle sei losgelassen, es zischte und krachte um mich her, die Äste des Baumes, vor dem ich lag, fielen auf meinen in sich zusammengekauerten Körper, ich glaubte, mein Ende sei gekommen ... Ich nahm mein Fahrrad und fuhr weiter in Richtung Wedau. An der Überführung von der Kolonie- zur Kruppstraße liegt eine Frau auf dem Bürgersteig. Ich steige ab und sehe, daß sie tot ist. Sie hat noch eine Handtasche am Arm, das linke Handgelenk weist eine tiefe Wunde auf, die aber nicht blutet, auch sonst konnte ich keine Verletzungen feststellen. Wahrscheinlich war die Frau vor Schreck gestorben ... Mit Angriffen aus der Luft wurden wir hier in letzter Zeit verschont, doch das Artilleriefeuer ist in mancher Hinsicht noch gefährlicher, da man davor nicht gewarnt werden kann. Falls man sich draußen befindet, ist man ohne jeden Schutz ...

Das Leben wird täglich unerträglicher, hinzu kommt, daß ich von meiner evakuierten Familie nichts erfahre.

114 *Ruhrort, Eisenbahnbassin*

Angesichts der wirklichen Lage hat dies niemandem mehr eine Reaktion abgenötigt. Interessanter war dagegen ein Merkzettel, in dem Ort und Zeit der Auszahlung von Löhnen, Renten und Unterstützungen angegeben wurden und die Angestellten und Beamten der Verwaltung und der städtischen

> **Dienstag, den 3. April 1945**
> Gerüchte, wonach am 2. April abends amerikanische Parlamentär-Offiziere beim Kampfkommandanten im Duisburger Hof gewesen seien und zur Kapitulation der Stadt aufgefordert hätten, werden durch Augenzeugen bestätigt. Die Aufforderung soll abgelehnt worden sein. Auf dem Heimweg nachmittags, etwa 14 Uhr, gehe ich deshalb zum Duisburger Hof, um den dort residierenden «Kampfkommandanten» Hauptmann Wolf zu sprechen und dessen Siegesmut etwas zu erschüttern. (Gemäß Befehl Hitlers sind die kürzlich in größeren Städten eingesetzten «Kampfkommandanten» «Herren über Leben und Tod der Einwohner».) Doppelposten vor dem Eingang. Unterkünfte und Befehlszentrale unten in den Kellergewölben. Ich lasse mich durch eine Ordonnanz beim «Kampfkommandanten» melden unter Vorzeigung meines Demag-Ausweises betr. wichtige Rüstungsaufgaben und meiner Visitenkarte (mit militärischem Dienstgrad). Werde in eine danebenliegende Frisierstube (– jedenfalls sieht der Raum so aus –) geführt, wiederhole meinen Wunsch, den Kampfkommandanten, Hauptmann W., zu sprechen; falls er gerade schläft, wolle ich gern warten. Stimme eines Mannes im Rasiermantel, der offenbar eben mit Haarschneiden fertig: «Hauptmann Wolf schläft nie!» Diese Stimme gehört Wolf selbst. (Ich antworte etwa dem Sinne nach, gerade in schwierigen Situationen müsse man doch auch schlafen können.) Wolf führt mich in den danebenliegenden Gefechtsstand. Uniform mir nicht genau bekannt, dunkelgrün, schwarz, silberne Litzen, wahrscheinlich Waffen-SS (oder «Volksgrenadier»). Alter etwa Ende der Zwanziger. Scharf geschnittenes Gesicht. Neben ihm ein blasser, schmaler Hauptmann, der nichts sagt. Wolf fragt, was ich wünsche. Ich erkläre: In meiner Belegschaft sei das Gerücht verbreitet, es seien gestern abend amerikanische Parlamentäre hier gewesen und abgewiesen worden. Außerdem sollten Flugblätter mit Aufforderung zur Kapitulation abgeworfen sein. Ich möchte wissen, was daran ist, um falschen Gerüchten, die nur ausgestreut werden, um Unruhe zu verbreiten, entgegentreten zu können. – Wolf: Die drei Parlamentäre seien gestern abend bei ihm gewesen und natürlich mit entsprechend ablehnender Antwort zurückgeschickt worden, im Einvernehmen mit den Parteistellen. Bedauerlich sei die Haltung der Stadtbevölkerung, die vielfach in Massen fremde Sender höre, außerdem ihn vorgestern bei einer Dienstfahrt mit Fahrrad zu Fall gebracht habe (keine Einzelheiten). Er werde durchgreifen und dafür sorgen, daß er ruhig arbeiten könne, daß außerdem Duisburg gründlich und nicht bloß zum Schein verteidigt werde. (Alles in sehr erregtem scharfen Ton.) Ich erwidere, daß die Demag-Belegschaft sich bisher sehr ruhig und verständig verhalten habe, ebenso die ganze Bevölkerung, soweit noch da. Mich interessierte nur, ob die Nachricht über die Abweisung der Parlamentäre wahr sei; ich hätte sie angesichts der Lage nicht für glaubwürdig gehalten. Wolf: Ja, der Versuch der Parlamentäre sei offenkundig ein Zeichen der Schwäche der Amerikaner. Im übrigen (– dies vertraulich für mich –) seien die 3 Parlamentäroffiziere ganz erbärmliche, verdreckte Gestalten gewesen, die sich gewundert hätten, hier einen Kampfkommandanten von dieser Gesinnung anzutreffen!
> Mit einem wild gewordenen Fanatiker ist nicht zu debattieren. Also wieder nach Hause. Nachmittags und abends dauerndes Artilleriefeuer.
> *Erich Edgar Schulze «Aus Duisburgs dunkelsten Tagen»*
> *in: Duisburger Forschungen, Bd. 8*

Betriebe aufgefordert wurden, auf ihrem Posten zu bleiben, um die Versorgung der Bevölkerung sicherzustellen.

Unterdessen hielt der Beschuß weiter an. Zu den Kanonen kamen jetzt auch Scharfschützen, die mit großer Zielgenauigkeit die Menschen jenseits der Ruhr aufs Korn nahmen. Die Lebensmittelversorgung erreichte einen Tiefstand. Auch Wasser wurde knapp. Die Pumpwerke versagten, die Notbrunnen reichten für die Versorgung nicht aus. Man begann Regenwasser zu sammeln. Das Gas war längst völlig ausgefallen. Alle Teile der Stadt waren mehr oder weniger zerstört. Schätzungsweise 70 % aller Straßen waren unpassierbar. In der Innenstadt waren 80 bis 90 % aller Häuser total zerstört.

Am 9. April wurde über Rundfunk bekannt, das Essen genommen sei. Nun stand der Feind auch im Rücken. Und nun wußte man auch, woher er kommen würde: aus Mülheim.

115 *Falkstraße*

Zivilbevölkerung des eingekesselten Ruhrgebiets!

Das Ruhrgebiet und weitere Nachbargebiete sind jetzt abgeschnitten. Die Überreste der Heeresgruppe B und Teile der Heeresgruppe H befinden sich im Kessel.

Die nationalsozialistische Führung beabsichtigt, diese Gebiete bis zum Letzten verteidigen zu lassen, gleichgültig, was die Folgen für Euch sind und für die Zukunft Eurer Heimat. Die nationalsozialistischen Führer werden den Krieg nicht überleben, folglich ist ihnen die Vernichtung der Lebensmöglichkeiten von Millionen nach dem Krieg gänzlich gleichgültig. Wenn ihre Befehle zur Ausführung gelangen, so werden die noch unzerstörten Anlagen Eurer Bergwerke und Industrien sowie sämtliche noch unzerstörten Wohnhäuser Eurer Gebiete wahrscheinlich gänzlich zertrümmert werden. Denn jetzt kommt

die Vernichtungsschlacht.

Englisches Flugblatt, Anfang April 1945

Donnerstag, den 5. April 1945

Gerüchte, das Ultimatum betr. Kapitulation für Duisburg liefe heute um 16 Uhr ab, dann würden schwerster Artilleriebeschuß und Luftbombardement einsetzen. Demag-Bg-Abteilung im Jägerhof und Abteilung KM im Kurhaus Raffelberg ohne Benachrichtigung der Führung der Notbelegschaft und unter Hinterlassung unbewachter Schreibmaschinen und von Einrichtungsmaterial nach Wetter abgezogen. Durch neuen Anschlag des Gauleiters wird sein Befehl betr. totale Räumung des Ruhrgebietes wieder aufgehoben.

Erich Edgar Schulze «Aus Duisburgs dunkelsten Tagen»
in: Duisburger Forschungen, Bd. 8

116 *Notbrücken über den Rhein-Herne-Kanal*

Am Morgen des 11. April rollten amerikanische Panzer am Mülheimer Rathaus vor. Die restlichen deutschen Polizeieinheiten an der Mülheimer Straße setzten sich nach Ratingen ab, ohne «Feindberührung» gehabt zu haben. Die Brücke zwischen Kaiserberg und Monning wurde gesprengt.
Um 14.00 Uhr ließ sich der amerikanische Oberst John McGuire durch den Mülheimer Oberbürgermeister Hasenjäger telefonisch mit dem Duisburger Rathaus verbinden und verlangte Oberbürgermeister Freytag oder seinen Stellvertreter zu sprechen. Weder Freytag noch Stadtkämmerer Zweigert waren im Haus. Als der Oberst gegen 16.00 Uhr seinen Anruf wiederholte, ließ Freytag ihn an den (längst abgezogenen) Kampfkommandanten verweisen. Kurz darauf verließ er die Stadt. Auch Polizeipräsident Bauer hat sich an diesem Tag abgesetzt, nicht ohne zuvor die Vernichtung von Aktenmaterial veranlaßt zu haben, darunter die Unterlagen für die Hinrichtungen vom 21. März und vom 9. April. Kreisleiter Loch war ebenfalls nicht mehr in der Stadt. Die Leitung der «Notbehörde» übernahm Stadtkämmerer Zweigert.
Am 12. April überquerte Simpsons 9. US-Armee die Elbe. Am 12. April starb Roosevelt. Am 12. April fuhren die ersten Amerikaner von Mülheim nach Duisburg. Sie fanden die Panzersperren unbesetzt. Die letzten Volkssturmeinheiten hatten sich rechtzeitig in Richtung Wedau abgesetzt. Ohne auf Widerstand zu stoßen, erreichten die Amerikaner den Bunker an der Fuldastraße, wo zuletzt das Polizeipräsidium untergebracht war. Die noch anwesenden Polizisten wurden entwaffnet und nach Hause geschickt. Gegen 13.00 Uhr wurde das Rathaus besetzt. Stadtkämmerer Zweigert war nicht im Haus. Gegen Abend meldete er sich in der inzwischen eingerichteten Kommandantur in der Fuldastraße, wo ihn der amerikanische Oberleutnant Schwobeda aufforderte, ein Dokument zu unterzeichnen, mit dem die Stadt offiziell übergeben wurde. Zweigert weigerte sich. Da kein Widerstand stattgefunden habe, könne es auch keine «Übergabe» geben. Statt seiner unterschrieb dann der Polizeioberst Gustav Krampe eine Art Übergabe-Dokument, da ja die Polizei als letzter Waffenträger entwaffnet worden war.
Am folgenden Tag wurde Huckingen ohne weiteres Aufsehen besetzt, desgleichen Mündelheim, wohin die Amerikaner mit Booten von Ürdingen herüberruderten. Das Dorf wurde vergeblich nach Soldaten durchsucht, während die Einwohner sich entlang der Straße nach Rheinheim aufstellen mußten. Danach war auch im Süden der Krieg zu Ende. Am Abend meldete der Sender Radio Luxemburg «die Eroberung von Duisburg».

Das sogenannte »dritte« Reich Hitlers
ist in Schmach und Schande zusammengebrochen.
Unsagbares Elend haben die nationalsozialistischen
Verbrecher über Deutschland und die ganze Welt gebracht.

Mit diesem Blatt beginnt
eine neue,
hoffentlich glückhafte
Epoche in der Geschichte der Stadt.
Vorwärts mit dem Gruße
der altehrwürdigen Ruhrorter Schifferzunft:
» In Gottes Namen! «
Es lebe unsere liebe Stadt Duisburg,
es lebe unser teures Deutsches Vaterland!

DUISBURG · DEN 16. APRIL · 1945

Der Oberbürgermeister

117 *Eintragung im Goldenen Buch der Stadt*

Bilanz

Eine Aufstellung aus den Jahren 1955 und
1956 ergibt für Duisburg:

als Soldaten gefallen	12 341
Heimatopfer durch Bombenkrieg, Beschuß etc.	5 702
vermißte Wehrmachtsangehörige	4 439
vermißte Zivilisten	92
verschollene Kriegsgefangene	69
in Verbindung mit dem Kriegsgeschehen für tot erklärt	2 176
Opfer des Nationalsozialismus	316
	25 185

Das sind etwa 5,8% der Bevölkerung des Jahres 1939. Von den 131 000 Wohnungen, die es im Jahr 1939 gab, wurden 42 000, also etwa 32% total zerstört, fast ebensoviele schwer beschädigt (41 000), 45 000 mittelschwer oder leicht beschädigt. Unbeschädigt bleiben ganze 3000 oder 2,3%.
Auf den Straßen und Grundstücken lagen 5 Millionen Kubikmeter Schutt, in den Häfen über 300 gesunkene Schiffe. Bis September 1947 wurden bei der Stadtverwaltung Sachschäden in Höhe von 1 510 704 806,87 Reichsmark angemeldet, nach dem Preisstand von 1939 oder früher. Die Schäden der Industrie wurden auf 500 Millionen RM geschätzt. Summe: 2 Milliarden RM. Allein für Wiederaufbauleistungen wurde von der Stadtverwaltung zwischen 1948 und 1954 ein Betrag von 1 073 769 000 DM ausgegeben.

Zeittafel

12. 8. 1933	Nach den Richtlinien des preußischen Ministers für Wirtschaft und Arbeit soll an Berufsschulen der Lehrplan für das Fach Staatsbürgerkunde auch das Thema Luftschutz umfassen.
22. 9. 1933	In Duisburg wird wie anderorts auf Anordnung des Polizeipräsidenten die erste Verdunklungsübung durchgeführt. Totale Dunkelheit von $23^{00} - 23^{30}$ Uhr.
14. 10. 1933	Deutschland verläßt den Völkerbund, da seine Forderung nach militärischer Gleichberechtigung nicht erfüllt wird.
1933/34	Der Duisburger Flughafen Neuenkamp wird unter Mißachtung der Bestimmungen des Versailler Vertrages ausgebaut.
21. 3. 1934	Am Kaiserberg wird mit dem Bau der Reichsautobahn begonnen – eine gleichermaßen beschäftigungspolitische wie militärstrategische Maßnahme.
10. 3. 1935	Hermann Göring gibt die Existenz der – nach dem Versailler Vertrag verbotenen – deutschen Luftwaffe bekannt.
16. 3. 1935	Deutschland führt die allgemeine Wehrpflicht ein. Aufbau eines 500000-Mann-Heeres. Die Rüstungsbeschränkungen des Vertrages werden auch offiziell nicht mehr anerkannt.
18. 6. 1935	Ein deutsch-englisches Flottenabkommen sieht eine Verstärkung der deutschen Flotte bis auf 35% der englischen vor.
26. 6. 1935	Das Reichsluftschutzgesetz verpflichtet jeden Deutschen zur Mitwirkung bei Luftschutzmaßnahmen.
7. 3. 1936	Hitler kündigt den Vertrag von Locarno auf. Einmarsch deutscher Truppen in die entmilitarisierte Rheinlandzone.
6. 4. 1937	Duisburg erhält eine ständige Flakgarnison.
13. 3. 1938	Österreich wird ans Reich «angeschlossen».
24. 4. 1938	Der Führer der sudetendeutschen Partei, Henlein, fordert in seinen Karlsbader Punkten die autonome Selbstverwaltung der sudetendeutschen Gebiete.
28. 5. 1938	Der Beginn der Bauarbeiten am Westwall wird bekanntgegeben.
28. 9. 1938	Bei einer Kundgebung auf dem Duisburger Burgplatz wird «Treue dem Führer und Treue den sudetendeutschen Volksgenossen» gelobt, während gleichzeitig ein Geheimbefehl zur Vorbereitung der Mobilmachung eintrifft.
29. 9. 1938	Rettung des Friedens durch das Münchener Abkommen, das als

	angeblich letzte territoriale Forderung Hitlers die Abtretung des Sudetenlandes vorsieht.
15. 3. 1939	Deutsche Truppen besetzen die Rest-Tschechoslowakei unter Bruch des Münchener Abkommens. Am 16. 3. Errichtung des «Reichsprotektorates Böhmen-Mähren» Erster Anspruch auf nichtdeutschsprachiges Gebiet.
17. 3. 1939	Protest Englands und Frankreich.
23. 3. 1939	Wiederangliederung des Memellandes an Reich.
27. 3. 1939	Wiedereinführung der allgemeinen Wehrpflicht in England.
31. 3. 1939	Englisch-französische Garantieerklärung für Polen.
3. 4. 1939	Hitler erläßt erstmals einen Befehl an die Wehrmacht zur Vorbereitung eines Angriffs auf Polen.
28. 4. 1939	Hitler kündigt das deutsch-englische Flottenabkommen.
22. 5. 1939	Eine Verdunklungsverordnung ergänzt das Luftschutzgesetz.
23. 5. 1939	Hitler schließt den «Stahlpakt» ab, ein Militärbündnis mit Italien.
23. 8. 1939	Der Hitler-Stalin-Pakt verschafft die nötige Rückendeckung gegenüber den Westmächten beim Angriff auf Polen. In Duisburg wird als erste Kriegsbehörde ein Ernährungsamt eingerichtet.
25. 8. 1939	Englisch-polnisches Bündnis.
28. 8. 1939	Das Duisburger Ernährungsamt gibt die ersten Lebensmittelkarten aus. Die letzten werden am 30. 4. 1950 ausgegeben.
1. 9. 1939	4.45 Uhr. Deutsche Truppen überschreiten die Grenze zu Polen.
3. 9. 1939	Hitlers Hoffnung auf das Stillhalten der Westmächte erfüllt sich nicht. England und Frankreich erklären Deutschland den Krieg.
8. 9. 1939	In Duisburg wird ein Wirtschaftsamt eingerichtet, das die Versorgung mit Verbrauchsgütern außer Lebensmitteln regelt.
20. 9. 1939	Ausgabe des Roten Winkels, der zum Bezug von Treibstoff berechtigt. 85% der Kraftfahrzeuge werden stillgelegt.
Oktober 1939	Die ersten Briefträgerinnen werden eingestellt.
1. 11. 1939	Das Bezugskartensystem wird auch für Textilien eingeführt.
Ab März 1940	Die «Metallspende des deutschen Volkes», das «Geschenk zum Geburtstag des Führers», soll den Bedarf der Rüstungsindustrie an Buntmetallen decken. Im Sommer werden bronzene Denkmäler abgebrochen.
9. 4. 1940	Besetzung Dänemarks und Norwegens.
10. 5. 1940	Beginn des Westfeldzuges gegen Belgien, Niederlande, Luxemburg und Frankreich. Churchill wird englischer Premierminister. Der Luftkrieg tritt in seine zweite Phase, in der nicht nur militärische Ziele, sondern auch deutsche Städte angegriffen werden.
11. 5. 1940	Erster Luftangriff auf westdeutsche Städte. Erste Tote in Mönchen-Gladbach.

13. 5. 1940	Englische Bomber fliegen den ersten von 299 Angriffen auf Duisburg. Die Kupferhütte verzeichnet geringe Schäden.		799 Spreng- und 6600 Brandbomben belegt.
15. 5. 1940	Ruhrort wird von Bomben getroffen, die der Homberger Brücke gegolten hatten.	7. 1. 1942	Die erste Luftmine fällt auf Duisburg.
22. 6. 1940	Frankreich kapituliert.	14. 2. 1942	Das britische Kriegskabinett beschließt die Strategie des «area-bombing», des Flächenbombardements deutscher Städte einschließlich der Wohngebiete unter massenhafter Verwendung von Brandbomben.
2. 7. 1940	Hitler gibt die erste Weisung für das Unternehmen «Seelöwe», die Invasion in England. Die offizielle Direktive folgt am 16. 7.		
12. 10. 1940	Der «Seelöwe» wird auf das Frühjahr vertagt, da die deutsche Luftüberlegenheit nicht erreicht ist.	31. 5. 1942	Der 1000-Bomber-Angriff auf Köln ist der erste Höhepunkt der neuen Strategie.
14. 11. 1940	Die englische Industriestadt Coventry wird «ausradiert».	2. 6. 1942	Erste Anwendung des «area-bombing» auf Duisburg. Großangriff unter Verwendung von Brandbomben.
Dezember 1940 – April 1941	Eine Festungspioniergruppe eines an der Maginot-Linie stationierten Baubataillons errichtet in Duisburg 18 Großbunker und baut 5000 Luftschutzkeller aus.	6. 6. 1942	Brandkatastrophe im Bereich Altstadt/Innenhafen.
		7. 9. 1942	Zerstörung der Tonhalle.
Juni 1941	Reichsspinnstoffsammlung.	20. 12. 1942	Zerstörung der Oper und der Bibliothek.
22. 6. 1941	Beginn des «Unternehmens Barbarossa», des Angriffs auf die Sowjetunion.	31. 12. 1942	Im Jahr 1942 wurde Duisburg von 1665 Spreng-, 120000 Brandbomben und 73 Luftminen getroffen. 542 Tote.
7. 12. 1941	Die Japaner greifen die amerikanische Flotte in Pearl Harbour an. Die USA treten auch formell in den Krieg ein und verschaffen der Anti-Hitler-Koalition die absolute Überlegenheit an Truppen und Material.	25. 1. 1943	15–16jährige Schüler werden als Luftwaffenhelfer verpflichtet.
		31. 1. – 2. 2. 1943	Die 6. Armee unter Paulus kapituliert in Stalingrad. 90000 Überlebende von 220000 Mann gehen in Gefangenschaft.
Dezember 1941 – Januar 1942	Zur notdürftigen Versorgung der im Winterkrieg vor Moskau steckengebliebenen deutschen Truppen wird eine Wintersachensammlung durchgeführt.	18. 2. 1943	Goebbels proklamiert den «Totalen Krieg».
31. 12. 1941	Im Jahr 1941 wird Duisburg mit	13. 5. 1943	Großangriff auf Duisburg, der bisher schwerste Angriff auf eine deutsche Stadt überhaupt. Schwe-

	re Zerstörungen vor allem der Innenstadt. In der vierten Phase des Luftkrieges soll Deutschland «sturmreif gebombt» werden.
September 1943	Die Duisburger Oper siedelt nach Prag über.
16. 12. 1943	Das Paten-U-Boot «U-Duisburg» wird versenkt.
6. 6. 1944	Am «D-Day» landen alliierte Verbände in der Normandie.
15.6. 1944	Beginn der Beschießung Englands mit V-Waffen. Die Wirkung der «Wunderwaffe» bleibt gering.
17. 7. 1944	Bahnfahrten über mehr als 75 km bedürfen einer besonderen Genehmigung.
25. 7. 1944	Reichspropagandaminister Goebbels wird zum Reichsbevollmächtigten für den totalen Kriegseinsatz ernannt.
31. 8. 1944	Die Arbeitszeit in der gesamten Kriegswirtschaft wird auf 60 Stunden pro Woche erhöht.
1. 9. 1944	Die berufsbildenden Schulen werden geschlossen, Lehrer und Schüler für die Front und für Rüstungsbetriebe freigesetzt.
September 1944	SA-Gruppenführer Franz Bauer, «alter Kämpfer» seit 1922, bisher Polizeipräsident in Wesermünde, wird Polizeipräsident in Duisburg.
13. 9. 1944	Die alliierten Truppen haben von der Normandie aus Frankreich durchquert und überschreiten die Reichsgrenze bei Aachen.
25. 9. 1944	Hitler befiehlt die Einberufung aller waffenfähigen Männer zwischen 16 und 60 Jahren zum «Deutschen Volkssturm».
14./15. 10. 1944	Dreifach-Angriff auf Duisburg, der schwerste des Krieges, zugleich der bisher schwerste auf eine deutsche Stadt überhaupt, fordert 2541 Tote, 946 Verletzte und 335 Vermißte. Schwerste Zerstörungen im gesamten Stadtgebiet legen das Leben weitgehend lahm.
21. 10. 1944	Aachen wird genommen.
12. 11. 1944	Die ersten Duisburger Volkssturmmänner werden auf dem Waldfriedhof vereidigt.
8. 12. 1944	Ein Bombenteppich setzt den Duisburger Hauptbahnhof außer Betrieb.
16. 12. 1944	Die Ardennenoffensive soll die Wende an der Westfront bringen.
4.–11. 2. 1945	Die Alliierten beraten in Jalta über die Zukunft des «befreiten Europa».
Februar 1945	Hinrichtung des Ostarbeiters Kowalenko mit 22 Mitgliedern seiner Bande.
8. 2. 1945	Britische und kanadische Truppe unter Feldmarschall Montgomery leiten im Raum Kleve die Operation «Veritable» ein, den Großangriff an der Westfront.
21. 2. 1945	Kleve wird nach verlustreichen Kämpfen genommen.
23. 2. 1945	Das Duisburger Museum wird zerstört. Die 9. US-Armee überquert die Rur und stößt im Raum Düren in Richtung auf den Rhein vor (Operation «Grenade»).
2. 3. 1945	Neuß und Krefeld werden genommen.

3.. 3. 1945	Die ersten amerikanischen Granaten fallen im Bereich der Haus-Knipp-Brücke auf Duisburger Boden. Am folgenden Tag beginnt die systematische Beschießung der Stadt. Die 9. US-Armee vereinigt sich bei Geldern mit Montgomerys anglo-kanadischen Verbänden.
4. 3. 1945	Die 9. US-Armee erreicht Orsoy. Alle fünf Duisburger Rheinbrücken und 53 weitere Brücken im Stadtgebiet werden gesprengt.
5. 3. 1945	Die Fremdarbeiter werden aus Duisburg abtransportiert. Die Karl-Lehr-Brücke wird durch Artillerie zerstört.
6. 3. 1945	Homberg und Rheinhausen werden von den Amerikanern besetzt.
7. 3. 1945	Die Amerikaner gewinnen über die unzerstörte Remagener Brücke den ersten rechtsrheinischen Brückenkopf.
8. 3. 1945	Ein Aufruf des Stellvertretenden Gauleiters Schleßmann bezeichnet die Ruhrgebietsstädte als Festungen.
10. 3. 1945	Der letzte deutsche Brückenkopf am Niederrhein wird geräumt, die letzte Brücke bei Wesel gesprengt. Die 3. US-Armee unter Patton erreicht den Mittelrhein. Generalfeldmarschall Rundstedt wird durch Generalfeldmarschall Kesselring abgelöst.
13. 3. 1945	Sowjetische Verbände überqueren die Oder.
17. 3. 1945	Der Befehl, einen mehrere Kilometer breiten Streifen auf dem rechten Rheinufer zu räumen, wird in Duisburg weitgehend ignoriert.
18. 3. 1945	Ein amerikanischer Stoßtrupp versucht einen Übergang über den Rhein beim Kabelwerk.
21. 3. 1945	General Eisenhower fordert die Bevölkerung der Ruhrgebietsstädte zum Verlassen der «Todeszone» auf. Polizeipräsident Bauer läßt 20 Häftlinge ohne Urteil erschießen.
23. 3. 1945	In der Nacht zum 23. 3. gewinnt die 3. US-Armee einen zweiten Brückenkopf bei Oppenheim südlich Mainz. Am Abend beginnt die Operation «Plunder», der Übergang über den Rhein bei Wesel. Damit sind die Ausgangspunkte zur Umfassung des Ruhrgebiets geschaffen.
24. 3. 1945	Ein amerikanischer Stoßtrupp setzt unterhalb Walsum über den Rhein.
25. 3. 1945	Walsum und Dinslaken werden besetzt.
26. 3. 1945	Letzter von 299 Luftangriffen auf Duisburg.
27. 3. 1945	Die ersten amerikanischen Einheiten erreichen die Randgebiete von Hamborn. Der Stellvertretende Gauleiter Schleßmann veröffentlicht unter dem Datum des 25. 3. einen Aufruf, der zur totalen Räumung der Stadt auffordert.
28. 3. 1945	Die Amerikaner besetzten das Zentrum von Hamborn; ferner Ruhrort, Laar und Beeck. Am folgenden Tag wird auch Meiderich besetzt. Duisburg ist zweigeteilt.
29. 3. 1945	Die Fallschirmjägereinheiten verlassen Duisburg, ebenso die

	Reichsbank, ein Teil der DVG, der größte Teil der Feuerlöschpolizei.
1. 4. 1945	Die von Oppenheim und Remagen vorgerückten amerikanischen Truppen stoßen bei Lippstadt auf die von Wesel vorstoßenden Engländer. Die Heeresgruppe B mit 21 Divisionen ist im «Ruhrkessel» eingeschlossen. Wilhelm Bambach wird zum «Bürgermeister des Stadtkreises Hamborn» ernannt. In Duisburg rufen Anschläge zur «Bildung einer deutschen Freiheitsbewegung Werwolf» auf.
2. 4. 1945	Zwei amerikanische Offiziere suchen den Duisburger «Stadtkommandanten» Wolf auf und fordern ihn vergebens zur Übergabe der Stadt auf.
6. 4. 1945	Neun Schüler des nach Bad Mergentheim evakuierten Steinbart-Gymnasiums werden von einer SS-Kompanie zu Volkssturmmännern ernannt und fallen im Kampf gegen die anrückenden Amerikaner.
7. 4. 1945	Der Duisburger «Kampfkommandant» Wolf verläßt die Stadt.
9. 4. 1945	Essen wird besetzt. Polizeipräsident Bauer läßt nochmals 8 Häftlinge des Polizeigefängnisses erschießen. Die Lebensmittelrationen werden um 35 % gekürzt.
11. 4. 1945	Mülheim wird von den Amerikanern besetzt. Oberbürgermeister Freytag und Polizeipräsident Bauer verlassen Duisburg.
12. 4. 1945	Die Amerikaner besetzten von Mülheim aus die Duisburger Innenstadt. Polizeioberst Krampe unterzeichnet ein Übergabedokument. Die 9. US-Armee überquert die Elbe bei Magdeburg. Präsident Roosevelt stirbt. Nachfolger wird Harry S. Truman.
13. 4. 1945	Der Duisburger Süden wird besetzt. Radio Luxemburg meldet die Eroberung von Duisburg.
14. 4. 1945	Der Ruhrkessel wird in zwei Teile gespalten.
16. 4. 1945	Heinrich Weitz wird zum kommissarischen Oberbürgermeister von Duisburg ernannt.
17. 4. 1945	Der westliche Teil des Ruhrkessels löst sich auf. 325 000 Soldaten gehen in Gefangenschaft.
21. 4. 1945	Generalfeldmarschall Model erschießt sich im Duisburger Wald.
25. 4. 1945	Die Amerikaner treffen bei Torgau an der Elbe auf sowjetische Verbände.
30. 4. 1945	Adolf Hitler erschießt sich in der Berliner Reichskanzlei.
9. 5. 1945	Um 0.01 Uhr tritt die Gesamtkapitulation in Kraft.

Fotografierte Zeitgeschichte Droste

Rolf Italiaander (Hrsg.)
Wir erlebten das Ende der Weimarer Republik
Zeitgenossen berichten
240 Seiten mit 219 Abb., celloph. Einband

Georg Holmsten
Deutschland Juli 1944
Soldaten, Zivilisten, Widerstandskämpfer
160 Seiten mit 153 Abb., celloph. Einband

Volker Hentschel
So kam Hitler
Schicksalsjahre 1932–1933
180 Seiten mit 180 Abb., celloph. Einband

Charles Whiting / Friedrich Gehendges
Jener September
Europa beim Kriegsausbruch 1939
148 Seiten mit 166 Abb., Peyvit

Wolfgang Trees / Charles Whiting / Thomas Omansen
Drei Jahre nach Null
Geschichte der Britischen Besatzungszone 1945–1948
2. Auflage. 224 Seiten mit 301 Abb., Peyvit

Georg Holmsten
Kriegsalltag
1939–1945 in Deutschland
128 Seiten mit 97 Abb., celloph. Einband

Klaus-Jörg Ruhl
Brauner Alltag
1933–1939 in Deutschland
168 Seiten mit 137 Abb., celloph. Einband

Klaus-Jörg Ruhl
Die Besatzer und die Deutschen
Amerikanische Zone 1945–1948
200 Seiten mit 169 Abb., celloph. Einband

Fordern Sie unser Gesamtverzeichnis an

Droste Verlag Düsseldorf

Fotografierte Zeitgeschichte Droste

Charles Whiting
Norddeutschland Stunde Null
April–September 1945
180 Seiten mit Abb., Peyvit

Jochen Thies / Kurt von Daak
Südwestdeutschland Stunde Null
Die Geschichte der französischen
Besatzungszone 1945–1948
152 Seiten mit 173 Abb., Peyvit

Heinz Boberach
Jugend unter Hitler
176 Seiten mit 175 Abb., celloph. Einband

Hans G. Kösters
Essen Stunde Null
Die letzten Tage März / April 1945
ca. 160 Seiten mit ca. 120 Abb., celloph. Einband

Rolf Italiaander / Arnold Bauer / Herbert Krafft
Berlins Stunde Null 1945
176 Seiten mit 170 Abb., Peyvit

Gerhard Kiersch / Reiner Klaus / Wolfgang Kramer
Elisabeth Reichardt-Kiersch
Berliner Alltag im Dritten Reich
180 Seiten mit 250 Abb., celloph. Einband

Eric Taylor / Willy Niessen
Frontstadt Köln
Endkampf 1945 an Rhein und Ruhr
152 Seiten mit 160 Abb., celloph. Einband

Eric Taylor
1000 Bomber auf Köln
Operation Millenium 1942
2. Auflage. 180 Seiten mit 200 Abb., Peyvit

Fordern Sie unser Gesamtverzeichnis an

Droste Verlag Düsseldorf

Droste Geschichts-Kalendarium

Chronik deutscher Zeitgeschichte
Politik · Wirtschaft · Kultur
in vier Bänden

Manfred Overesch / Friedrich Wilhelm Saal

Bd. 1:
Die Weimarer Republik
688 Seiten, Lexikonformat

Manfred Overesch / Friedrich Wilhelm Saal

Bd. 2.1:
Das Dritte Reich 1933–1939
624 Seiten, Lexikonformat

- Die **Chronik deutscher Zeitgeschichte** ist angelegt auf die in sich abgeschlossenen Bände
    1. Die Weimarer Republik (liegt vor)
    2. Das Dritte Reich
        I. 1933–1939 (liegt vor)
        II. 1939–1945 (erscheint Frühjahr 1983)
    3. Das besetzte Deutschland (vorauss. Erscheinen Herbst 1983)
    4. Die Bundesrepublik Deutschland (vorauss. Erscheinen Frühjahr 1984).

Fotografierte Zeitgeschichte Droste

So wie es war.

Die Bände von Städten «so wie sie waren» rufen Erinnerungen wach an die ersten Jahrzehnte des 20. Jahrhunderts, Erinnerungen, die für viele Rückblick auf Kindheit und frühe Jugend bedeuten. Dazu gehören Kaiser- und Fürstenbesuche, Ausstellungen, Firmenchroniken, die Flüge Zeppelins, die ersten Motorflugzeuge genauso wie die baulichen Veränderungen im Stadtbild, Ereignisse im Theater- und Konzertleben, die Feste in Saalbauten, Jubiläen von Schulen und Vereinen, die Jahre der Not nach dem Ersten Weltkrieg.

Zahlreiche Städte-Bände haben mittlerweile Ergänzungen erfahren: eine Bild- und Textchronik der Zeit zwischen den beiden Weltkriegen, der Weimarer Republik und der NS-Zeit, der Kriegsjahre 1939–1945 und der Anfänge und Entwicklungen danach.

Aachen Band 1 u. 2	**Bonn Band 1 u. 2**
Augsburg	**Braunschweig**
Berlin	**Breslau**
Bielefeld Band 1, 2 u. 3	**Danzig**
Bochum	**Dresden**

Jeder Band etwa 104 Seiten mit etwa 150 Abbildungen, Efalineinband mit Schutzumschlag

Fotografierte Zeitgeschichte Droste

So wie es war.

Düren	**Hannover**
Düsseldorf Band 1 u. 2	**Hilden**
Erfurt	**Hildesheim**
Essen Band 1 u. 2	**Karlsruhe**
Flensburg	**Kempen**
Frankfurt	**Kiel Band 1, 2 u. 3**
Freiburg	**Koblenz Band 1 u. 2**
Göttingen	**Köln**
Goslar	**In Köln**
Halle/Saale	**Königsberg**
Hamburg	**Krefeld**
Hamm	**Leipzig**

Jeder Band etwa 104 Seiten mit etwa 150 Abbildungen, Efalineinband mit Schutzumschlag

Fotografierte Zeitgeschichte Droste

So wie es war.

Lüneburg	**Remscheid Band 1 u. 2**
Mainz	**Saarbrücken Band 1 u. 2**
Mannheim	**Spandau / Siemensstadt**
Mönchengladbach Band 1 u. 2	**Stettin**
Monschau	**Trier**
Mülheim/Ruhr Band 1 u. 2	**Uerdingen**
Münster	**Viersen**
Neuss	**Kreis Viersen**
Offenbach	**Wiesbaden**
Osnabrück Band 1 u. 2	**Wittlich Band 1 u. 2**
Landkreis Osnabrück	**Worms**
Potsdam	**Wuppertal Band 1 u. 2**

Jeder Band etwa 104 Seiten mit etwa 150 Abbildungen, Efalineinband mit Schutzumschlag